たったの72パターンでこんなに話せるインドネシア語会話

欧米・アジア語学センター

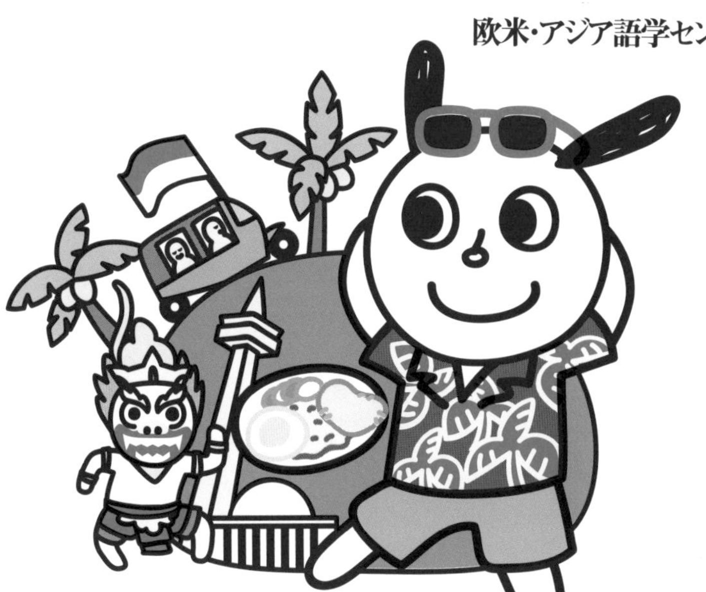

はじめに

Selamat siang!（こんにちは！）

「インドネシア語で気軽にもっと話したい」
「自然に日常の会話フレーズが言えるようになりたい」

インドネシア語を学んでいる多くの方がこのように感じていると思います。この『たったの72パターンでこんなに話せるインドネシア語会話』では、日常会話でよく使われる「パターン」をピックアップしました。タイトルの通り、たったの72個のパターンで、基本的な会話は本当にできるのです。

どの言語にも必ず「文型」（パターン）があります。フレーズの丸暗記ではなく、**きちんと「文型」を理解することにより、あとは単語を入れ替えるだけで、会話のバリエーションを広げることができます。**

この『72パターン』シリーズの英会話版『たったの72パターンでこんなに話せる英会話』は、ベストセラーとなっています。
「本当にこれだけで会話ができるなんて！」と多くの読者の方々に実感していただき、ご好評いただいています。

本書の「Part I　これだけは!! 絶対覚えたい重要パターン21」では、基本的な会話のパターンを学びます。
そして各パターンの「応用」では、それぞれの否定パターンと疑問パターンも学ぶことができます。

そして「Part II　使える！ 頻出パターン51」では、日常会話の幅を広げることができるように、友人との会話や旅行などでよく使う表現をバラエティー豊かに盛り込みました。

「基本フレーズ」「基本パターンで言ってみよう！」「応用パターンで言ってみよう！」「これも知っておこう！」の各フレーズにルビをふってあります。
外国語の発音をカタカナで表記するのは難しい面もありますので、ルビはあくまで参考になさってください。

付属のCD、あるいは音声をダウンロードして、繰り返し聴いてまず耳を慣らし、そしてネイティブの発音を聴きながら、実際に自分でも発音を練習してみてください。

本書の72パターンを習得することによって、日常会話に必要な基本的な文法も自然に身につくように工夫しています。

まずはこの本の各パターンを使って、いろいろなシーンでどんどん話してみてください。そしてインドネシアの人たちとの会話をぜひ楽しんでください。

本書が皆さまのお役に立てるように願っています。

欧米・アジア語学センター
丹マウラニ

◆CDについて◆

「基本フレーズ」「基本パターンで言ってみよう！」「応用パターンで言ってみよう！」の各フレーズが日本語→インドネシア語の順に収録されています。

※「インドネシア語　基本の基本！」（p8〜p32）および各パターンの「否定パターン」「疑問パターン」「これも知っておこう！」は録音されていません。

◆音声ダウンロードについて◆

付属のCDと同じ音源を下記よりダウンロードできます。
https://www.asuka-g.co.jp

トップページの左上の「本をさがす」→「音声ダウンロード一覧」をクリックして、「音声ファイル提供書籍一覧」の中から本書を選んで、音声をダウンロードしてください。

※音声の再生には、MP3ファイルを再生できる機器などが必要です。ご使用の機器、音声再生ソフト等に関する技術的なご質問は、ハードメーカーもしくはソフトメーカーにお願いいたします。

Contents

絶対覚えたい重要パターン21

Part Ⅱ

頻出パターン51

カバーデザイン：渡邊民人（TYPE FACE）
カバーイラスト：草田みかん
本文デザイン　：TYPE FACE
本文イラスト　：たかおかおり

◎ インドネシア語　基本の基本！ ◎

1. 文字

インドネシア語は英語と同様にアルファベット26文字で表記します。発音は英語と異なりますので注意が必要です。

A	a	アー	N	n	エン
B	b	ベー	O	o	オー
C	c	チェー	P	p	ペー
D	d	デー	Q	q	キー、キュー
E	e	エー	R	r	エル
F	f	エフ	S	s	エス
G	g	ゲー	T	t	テー
H	h	ハー	U	u	ウー
I	i	イー	V	v	フェー
J	j	ジェー	W	w	ウェー
K	k	カー	X	x	エクス
L	l	エる	Y	y	イェー
M	m	エム	Z	z	ゼッ（ト）

2. 発音

インドネシア語の発音は、2種類の異なる「e」の発音や、日本人にとって区別しづらい「l」と「r」の発音に注意すれば、カタカナ読みとほぼ同じ発音で話すことができます。次の通り、**母音**、**二重母音**、**子音**と**二重子音**があります。

●母音

a	i	u	é	e	o
アー	イー	ウー	エー	（曖昧音の）エー	オー

＜注意点＞

1．母音の「é」は、日本語の「エ」とだいたい同じ発音です。
以降、本書では便宜上、下記のように記号［ ´ ］を入れますが、通常、一般の書籍、新聞、雑誌などでは、この記号を用いません。

（例）énak「おいしい」（エナッ(ク)）　soré「夕方」（ソレ）　péndék「短い」（ペンデッ(ク)）

2．母音の「e」は、日本語の「エ」と「ウ」の中間で、「エ」の口で「ウ」をあいまいに弱く発音します。

（例）segar「新鮮な」（スガル）　terima「受け取る」（トゥリマ）　dekat「近い」（ドゥカッ(ト)）

●二重母音

ai	au	oi
アイ	アウ	オイ

（例）

air「水」（アイル）	pantai「海岸」（パンタイ）	pakai「使う、着る」（パカイ）
pulau「島」（プラウ）	haus「喉が渇いた」（ハウス）	kalau「もし〜ならば」（カラウ）
amboi「まあ」（アムボイ）	sepoi「風がそよそよと」（スポイ）	konvoi「護送、護衛」（コンボイ）

●子音

p8の「文字」のアルファベット表に示すように、日本語をローマ字表記したものを読む要領で発音すればよいのですが、下記の通り、いくつかの注意点があります。

＜注意点＞

1. 子音の「c」は、日本語の「チェ」と同じ発音です。

   （例） cepat「早い」　　campur「混ぜる」
   チュパッ(ト)　　チャムプル

2. 子音の「l」は、舌先を上歯茎につけて、日本語の「ラ行」のように発音します。
   以降、本書では便宜上、平仮名の「ら、り、る、れ、ろ」で表記します。

   （例） lapar「お腹がすいた」　　lihat「見る」
   らパル　　りハッ(ト)

3. 語末に子音の「n」があるときは、発音したあと、舌先を上歯茎につけます。

   （例） makan「食べる」　　asin「塩辛い」
   マカン　　アシン

4. 子音の「r」は、舌先を上歯茎に向かって震わせる「震え音」です。
   つまり、日本語の「ラ行」を発音するときに思い切り舌を巻きます。

   （例） rasa「味」　　kamar「部屋」
   ラサ　　カマル

●二重子音

kh	ng	ny	sy

＜注意点＞

1．kh：息を吐き出しながら、日本語の「ハ行」の発音をします。

（例） akhir（アヒール）「最後の」　khusus（フスッ(ス)）「特別の」

2．ng：舌を宙ぶらりん状態で、日本語の鼻にかかった「ン」の発音をします。

（例） datang（ダタン）「来る」　dingin（ディンギン）「寒い、冷たい」

3．ny：日本語の「ニャ行」の発音をします。

（例） bertanya（ブルタニャ）「質問する」　kenyang（クニャン）「お腹がいっぱい」

4．sy：日本語の「シャ行」の発音をします。

（例） syarat（シャラッ(ト)）「条件」　bersyukur（ブルシュクール）「ありがたく思う」

3. アクセンとイントネーション

インドネシア語は、アクセンの位置によって単語の意味が変わることがないため、それほど気にする必要はありません。

平叙文は文末のイントネーションを下げて発音し、疑問文は文末のイントネーションを上げて発音します。

4. 人称代名詞

インドネシア語の人称代名詞には日本語と同様に様々な種類がありますので、自分と相手の年齢、また、立場や場面によって適切に使い分けることが望ましいです。一般的に用いられる人称代名詞を青字にしています。

●1人称

私	saya サヤ	性別、年齢、身分に関係なく最も一般的で無難な表現。
僕、あたし	aku アク	性別、年齢に関係なく使えるが、親しい間柄でのみ使う。
私たち	kami カミ	〔話し相手を含まない〕 ビジネスの場面などでは日本語の「私ども」。
私たち	kita キタ	〔話し相手を含む〕

●2人称

あなた	Anda アンダ	性別に関係なく、初対面の相手に用いられる無難な表現。
	saudara サウダラ	男女を問わず、自分と同じか、それ以下の相手に使う。
	saudari サウダリ	saudaraと同様だが、女性に限って使う。
	bapak バパッ(ク)	自分より年齢、立場が上の男性に対する親しみと尊敬を込めた表現。省略形のPakは呼びかけ用。
	ibu イブ	自分より年齢、立場が上の女性に対する親しみと尊敬を込めた表現。省略形のBuは呼びかけ用。
	Tuan トゥアン	ご主人様〔英語の Mr.〕
	Nyonya ニョニャ	奥様 〔英語の Mrs.〕
	Nona ノナ	お嬢様 〔英語のMiss〕
君	kamu カム	上記のakuと同じ感覚で用いられる。

あなた方	anda sekalian	アンダ スカりアン
皆様	bapak-bapak ibu-ibu bapak dan ibu sekalian	バパッ(ク) バパッ(ク) イブ イブ 〔英語のladies and gentlemen〕 バパッ(ク) ダン イブ スカりアン 〔英語のladies and gentlemen〕
君たち、諸君	kalian kamu sekalian saudara-saudara (saudara sekalian) saudara-saudari	カりアン カム スカりアン サウダラ　サウダラ サウダラ　スカりアン サウダラ　サウダリ

●3人称

彼 彼女	dia	ディア	性別に関係なく使う。
あの方	beliau	ブりアウ	性別に関係なく使うが、diaより相手に尊敬を込めた表現。
彼ら、 彼女ら	meréka beliau-beliau	ムレカ ブりアウ　ブりアウ	

<注意点>

『bapak-ibu』はインドネシア人の夫婦の一般的な呼びかけに対して、『tuan-nyonya』は有名人、外国人〔場合によって華僑の人も〕に対して用いられます。

例　Bapak-Ibu Budiarjo「ブディアルジョ夫妻」
Tuan-Nyonya Tanaka「田中夫妻」
Pak Hendra「ヘンドラさん／ヘンドラ氏」など。

『bapak』『ibu』が必ずしも地位の高い人に対してのみ用いられるとは限りません。初めて会う人、年配の人、見知らぬ人などに対して『Bapak』か『Ibu』を用いると無難です。

なお、『Anda』(あなた)は丁寧ではありますが、中立的すぎて心理的距離を置く感じがありますので、話し相手の性別、年齢や立場に応じて使い分けるほうがよいです。また、『Anda』は文中であっても大文字で書き始めることになっています。

●呼びかけの表現

『mas マス』『bung ブン』『bang バン』を運転手、店員、ウェイター、ホテルのボーイなど、20代くらいまでの男性に対して使います。「お兄さん」という意味です。

同様に、若い女性に対して、「お姉さん」という意味の『mbak ウムバッ(ク)』『susスッ(ス)』『non ノン』を使います。

呼びかけの『dik ディッ(ク)』は、ウェイター、物売りなどの10代の子供に対して使います。

また、英語と同様に、医者への呼びかけは『Dokter(ド(ク)トゥル)』または『Pak / Bu Dokter』となるので覚えておきましょう。

5. 語順

インドネシア語には、修飾される（Diterangkan：D）語が修飾する（Menerangkan：M）語の前に置かれるというDMの法則があります。修飾語と被修飾語の語順が、日本語と概ね逆になります。

例

「インドネシア語」 bahasa Indonesia（言語 ← インドネシア）
バハサ インドネシア

「日本人」 orang Jepang（人 ← 日本）
オラン ジュパン

「私の名前」 nama saya（名前 ← 私）
ナマ サヤ

6. 指示代名詞

インドネシア語の指示代名詞は、単数・複数による語形の変化や格変化はありません。人、動物、物など全てに対して用いられます。

これ(ら)、この、こちら	ini イニ
それ(ら)、その、そちら	itu イトゥ
あれ(ら)、あの、あちら	itu イトゥ

ここ	sini シニ
そこ	situ シトゥ
あそこ	sana サナ

例 これは本です。 Ini buku.
イニ ブク

あの人は先生です。 Orang itu guru.
オラン イトゥ グル

彼はあそこにいます。 Dia ada di sana.
ディア アダ ディ サナ

7. 所有代名詞「～のもの」、所有格「～の」

●所有代名詞（～のもの）の使い方

kepunyaan / milik ＋人称代名詞

『kepunyaan』の代わりに口語形の『punya』を使うことが多いです。3人称の単数形『dia』（彼の、彼女の）の場合、文法的に『kepunyaan / milik / punya』に『-nya』が接尾されますが、会話的にはそのまま後に『dia』を置いても通じます。

例

この本は私のものです。　Buku ini kepunyaan / milik saya.
ブク　イニ　クプニャアン　ミりッ(ク)　サヤ

この車はあなたのものです。　Mobil ini punya Anda.
モビる　イニ　プニャ　アンダ

あの家は彼女のものです。　Rumah itu miliknya.
ルマー　イトゥ　ミりッ(ク)ニャ

Rumah itu milik dia / punya dia.
ルマー　イトゥ　ミりッ(ク)　ディア　プニャ　ディア

●所有格（～の）の使い方

名詞＋人称代名詞

表現方法は、DMの法則に従って人称代名詞を名詞の後ろに置きますが、3人称の単数形『dia』の場合、名詞に『-nya』が接尾されます。しかし、会話的に名詞の後にそのまま『dia』を置いても通じます。

例

これは私の家です。　Ini rumah saya.
イニ　ルマー　サヤ

あの女性はあなたの奥さんです。　Wanita itu isteri Anda.
ワニタ　イトゥ　イストゥリ　アンダ

あれは彼の〔彼女の〕部屋です。　Itu kamarnya.
イトゥ　カマルニャ

Itu kamar dia.
イトゥ　カマル　ディア

8. 場所を示す前置詞

場所を示す前置詞は主に3つあります。

～で、～に	di　ディ
～へ、～に	ke　ク
～から	dari　ダリ

例　鈴木さんは大阪に住んでいます。　Pak Suzuki tinggal di Osaka.
パッ(ク)　スズキ　ティンガる　ディ　オサカ

彼は銀行で働いています。　Dia bekerja di Bank.
ディア　ブクルジャ　ディ　バンク

リニはモールへ行きます。　Rini pergi ke Mall.
リニ　プルギ　ク　モーる

彼女は日本から来ました。　Dia datang dari Jepang.
ディア　ダタン　ダリ　ジュパン

上	atas	アタス
下	bawah	バワー
前	depan	ドゥパン
後ろ	belakang	ブらカン
左	kiri	キリ
右	kanan	カナン

外	luar	るアル
中	dalam	ダらム
近く	dekat	ドゥカッ(ト)
間	antara	アンタラ
中央、真中	tengah	トゥンガー
隣、横、側	sebelah / sisi	スブらー／シシ

東	timur	ティムル
西	barat	バラッ(ト)
南	selatan	スらタン
北	utara	ウタラ

場所以外に、単独で用いられる前置詞に次のものがあります。

～に〔時間、曜日など〕	pada	パダ
～へ〔人に対して〕	kepada	クパダ
～で〔手段、方法〕	dengan	ドゥンガン
～と一緒に	dengan	ドゥンガン
～のために	untuk	ウントゥッ(ク)
～以来	sejak	スジャク
～間	selama	スらマ
～中	sepanjang	スパンジャン
～について	tentang	トゥンタン
～にとって	bagi	バギ
～として	sebagai	スバガイ
～のような／に	seperti	スプルティ
～なしで	tanpa	タンパ
～を除いて	kecuali / selain	クチュアり／スらイン
～まで	sampai	サムパイ
～によると	menurut	ムヌルッ(ト)
～によって	oléh	オれ

9. 疑問詞

疑問詞は文頭、文中、文末のいずれにも用いられます。疑問文は、いずれも最後のイントネーションが上がります。

何	apa	アパ
誰	siapa	シアパ
いつ	kapan	カパン
いくつ〔数〕	berapa	ブラパ
いくら〔値段〕	berapa harga ～	ブラパ ハルガ
いくつ〔年令〕 何歳	berapa usia / umur ～ umurnya berapa	ブラパ ウシア／ウムル ウムルニャ ブラパ
何人	berapa orang	ブラパ オラン
何時	jam berapa	ジャム ブラパ
どこに、どこで	di mana	ディ マナ
どこへ	ke mana	ク マナ
どこから	dari mana	ダリ マナ
どのように〔方法〕	bagaimana cara ～	バガイマナ チャラ
いかが	bagaimana	バガイマナ
なぜ、どうして	kenapa / mengapa	クナパ／ムンガパ

なお、インドネシア語では上記の疑問詞を使わないで、①疑問文の文頭に『apakah』を使うか、あるいは②『apakah』を使わないで平叙文の語順で最後のイントネーションを上げて言うことができます。また、主語が1人称・2人称・3人称、または単数・複数に関係なく表現することができます。

例　君はもう食べたのですか？　Apakah kamu sudah makan?
アパカー　カム　スダー　マカン
Kamu sudah makan?
カム　スダー　マカン

その辞書は高いですか？　Apakah kamus itu mahal?
アパカー　カムス　イトゥ　マハる
Kamus itu mahal?
カムス　イトゥ　マハる

10. 数字

0	Nol, kosong	ノる、コソン
1	Satu	サトゥ
2	Dua	ドゥア
3	Tiga	ティガ
4	Empat	ウムパッ(ト)
5	Lima	りマ
6	Enam	ウナム
7	Tujuh	トゥジュ
8	Delapan	ドゥらパン
9	Sembilan	スムビらン
10	Sepuluh	スプる
11	Sebelas	スブらス
12	Dua belas	ドゥア ブらス
13	Tiga belas	ティガ ブらス
14	Empat belas	ウムパッ(ト) ブらス
15	Lima belas	りマ ブらス
16	Enam belas	ウナム ブらス
17	Tujuh belas	トゥジュ ブらス
18	Delapan belas	ドゥらパン ブらス
19	Sembilan belas	スムビらン ブらス
20	Dua puluh	ドゥア プる
21	Dua puluh satu	ドゥア プる サトゥ
22	Dua puluh dua	ドゥア プる ドゥア
23	Dua puluh tiga	ドゥア プるティガ
24	Dua puluh empat	ドゥア プる ウムパッ(ト)
25	Dua puluh lima	ドゥア プる りマ
30	Tiga puluh	ティガ プる
40	Empat puluh	ウムパッ(ト) プる
50	Lima puluh	りマ プる

100	Seratus	スラトゥス
200	Dua ratus	ドゥア ラトゥス
500	Lima ratus	りマ ラトゥス
1000	Seribu	スリブ
2000	Dua ribu	ドゥア リブ
10,000	Sepuluh ribu	スプる リブ

100,000 （10万）	Seratus ribu	スラトゥス リブ
150,000 （15万）	Seratus lima puluh ribu	スラトゥス りマ プる　リブ
500,000 （50万）	Lima ratus ribu	りマ ラトゥス リブ
1,000,000 （100万）	Satu juta, sejuta	サトゥ ジュタ、スジュタ
5,000,000 （500万）	Lima juta	りマ ジュタ
10,000,000（1000万）	Sepuluh juta	スプる ジュタ
15,000,000（1500万）	Lima belas juta	りマ ブらス ジュタ
100,000,000 （1億）	Seratus juta	スラトゥス ジュタ
1,000,000,000（10億）	Satu milyar	サトゥ ミりヤール
1兆	Satu trilyun	サトゥ トリるユン

11.「時」を表す言葉

●曜日

月曜日	hari Senin	ハリ スニン
火曜日	hari Selasa	ハリ スらサ
水曜日	hari Rabu	ハリ ラブ
木曜日	hari Kamis	ハリ カミス
金曜日	hari Jumat	ハリ ジュムアッ(ト)
土曜日	hari Saptu	ハリ サプトゥ
日曜日	hari Minggu	ハリ ミング

●月

1月	bulan Januari	ブラン ジャヌアリ
2月	bulan Fébruari	ブラン フェブルアリ
3月	bulan Maret	ブラン マルッ(ト)
4月	bulan April	ブラン アプリる
5月	bulan Méi	ブラン メイ
6月	bulan Juni	ブラン ジュニ
7月	bulan Juli	ブラン ジュり
8月	bulan Agustus	ブラン アグストゥス
9月	bulan Séptémber	ブラン セプテムブル
10月	bulan Oktober	ブラン オクトブル
11月	bulan Novémber	ブラン ノフェムブル
12月	bulan Désémber	ブラン デセムブル

●季節

春	Musim semi, musim bunga	ムシム スミ、ムシム ブンガ
夏	Musim panas	ムシム パナス
秋	Musim gugur	ムシム ググル
冬	Musim dingin	ムシム ディンギン
雨季	Musim hujan	ムシム フジャン
乾季	Musim kemarau	ムシム クマラウ

●いろいろな日、時間の言い方

平日	hari biasa	ハリ ビアサ
営業日	hari kerja	ハリ クルジャ
営業(勤務)時間	jam kerja	ジャム クルジャ
休暇	cuti	チュティ
休日	hari libur	ハリ りブル
国の祝祭日	hari libur Nasional	ハリ りブル ナショナる
記念日	hari Peringatan	ハリ プリンガタン
新年	Tahun Baru	タウン バル

誕生日	hari Ulang Tahun	ハリ　ウらン タウン
イスラム教の 断食明け大祭日	hari Raya Idul Fitri, Lebaran	ハリ ラヤ イドゥる フィトリ るバラン
クリスマスの日	hari Natal	ハリ　ナタる
インドネシアの 独立記念日	Hari Kemerdékaan Indonesia	ハリ クムルデカアン インドネシア

●朝、昼、夜

朝	pagi	パギ
今朝	tadi pagi	タディ パギ
昼、正午	siang	シアン
夕方	soré	ソレ
夜	malam	マらム
今夜	malam ini, nanti malam	マらム イニ ナンティ マらム
午前	sebelum siang	スブるム シアン
午後	setelah siang	ストゥらー シアン

●日

今日	hari ini	ハリ　イニ
明日	bésok	ベソッ(ク)
あさって	lusa	るサ
昨日	kemarin	クマリン
おととい	kemarin dulu	クマリン　ドゥウる
～日前	～ hari yang lalu	ハリ　ヤン　らる
～日後	～ hari yang akan datang	ハリ　ヤン　アカン　ダタン

●週

今週	minggu ini	ミング イニ
来週	minggu depan	ミング ドゥパン
再来週	dua minggu yang akan datang	ドゥア ミング ヤン アカン ダタン
先週	minggu lalu	ミング らる
先々週	dua minggu yang lalu	ドゥア ミング ヤン らる
～週間前	~ minggu yang lalu	ミング ヤン らる
～週間後	~ minggu yang akan datang	ミング ヤン アカン ダタン

今週末	akhir minggu ini	アヒール ミング イニ
先週末	akhir minggu lalu	アヒール ミング らる
来週の水曜日	hari Rabu depan	ハリ ラブ ドゥパン

●月

今月	bulan ini	ブらン イニ
来月	bulan depan	ブらン ドゥパン
再来月	dua bulan yang akan datang	ドゥア ブらン ヤン アカン ダタン
先月	bulan lalu	ブらン らる
先々月	dua bulan yang lalu	ドゥア ブらン ヤン らる
～ヶ月前	~ bulan yang lalu	ブらン ヤン らる
～ヶ月後	~ bulan yang akan datang	ブらン ヤン アカン ダタン

●年

今年	tahun ini	タウン イニ
来年	tahun depan	タウン ドゥパン
再来年	dua tahun yang akan datang	ドゥア タウン ヤン アカン ダタン
去年、昨年	tahun lalu	タウン らる
一昨年	dua tahun yang lalu	ドゥア タウン ヤン らる
～年前	~ tahun yang lalu	タウン ヤン らる
～年後	~ tahun yang akan datang	タウン ヤン アカン ダタン

●その他

朝食	makan pagi	マカン パギ
昼食	makan siang	マカン シアン
夕食	makan malam	マカン マらム

週末	akhir minggu	アヒール ミング
月末	akhir bulan	アヒール ブらン
年末	akhir tahun	アヒール タウン

日付	tanggal	タンガる

●日付の表記と言い方

日本の表記と逆の順番になります。

例 「1998年1月20日」 → 20/1/1998
→ Tanggal 20 Januari 1998

年号のみの場合、いくつかの言い方があります。

例 「1975年」

① tahun seribu sembilan ratus tujuh puluh lima
② tahun sembilan belas tujuh puluh lima
③ tahun tujuh puluh lima

③が最も短く、一般的な言い方です。しかし、2000年以降の年号については、2000という数字を省略せず、①の言い方になります。

例 「2020年」 tahun dua ribu dua puluh

●頻度

毎朝	setiap pagi	スティアプ パギ
毎晩	setiap malam	スティアプ マラム
毎日	setiap hari	スティアプ ハリ
毎週	setiap minggu	スティアプ ミング
毎月	setiap bulan	スティアプ ブラン
毎年	setiap tahun	スティアプ タウン

一日おきに	setiap dua hari sekali	スティアプ ドゥア ハリ スカり
隔週で	setiap dua minggu	スティアプ ドゥア ミング
隔月で	setiap dua bulan	スティアプ ドゥア ブラン

一度、一回	satu kali / sekali	サトゥ カり／スカり
二度、二回	dua kali	ドゥア カり
一日3回	sehari tiga kali	スハリ ティガ カり
週に一度	seminggu sekali	スミング スカり
月に2回	sebulan dua kali	スブラン ドゥア カり
年に4回	setahun empat kali	スタウン ウムパッ(ト) カり

今	sekarang	スカラン
あとで	nanti	ナンティ
時々	kadang-kadang	カダン カダン
しばしば、よく	sering	スリン
たまに	jarang	ジャラン
たいてい、普段	biasanya	ビアサニャ
全然～しない	tidak pernah	ティダッ(ク) プルナ
一日中	sepanjang hari	スパンジャン ハリ
日常的に	secara harian	スチャラ ハリアン
周期的に	secara berkala	スチャラ ブルカら
定期的に	secara teratur	スチャラ トゥラトゥル
	secara regulér	スチャラ レグれル

12. よく使う副詞（「程度」などを表す）

とても、非常に	sangat ～ ～ sekali	サンガッ(ト) スカり
少し、ちょっと〔量〕	sedikit	スディキッ(ト)
しばらく、ちょっと	sebentar	スブンタル
多くの、たくさん	banyak	バニャッ(ク)
いくつかの、幾人かの	beberapa	ブブラパ
およそ、だいたい	kira-kira	キラ キラ
十分に、かなり	cukup	チュクッ(プ)
～すぎる	terlalu	トゥルらる
全部の、全ての	semua	スムア
全く	sama sekali	サマ スカり
あまり～でない	tidak begitu ～	ティダッ(ク) ブギトゥウ

13. よく使う接続詞

～と、～で	dan	ダン
だが、しかし	tetapi tapi	トゥタピ タピ
または	atau	アタウ
～なので、～だから	karena sebab	カルナ スバッ(ブ)
そのため～	maka jadi	マカ ジャディ
～のとき	waktu	ワクトゥ
～前に	sebelum	スブるム
～後に	sesudah setelah	ススダー ストゥらー
～以来	sejak	スジャク
～の間	selama sementara	スらマ スムンタラ
～しながら	sambil	サムビる

もし〜ならば	kalau apabila	カらウ アパビら
それから〜	kemudian lalu	クムディアン らる
〜するために	supaya agar untuk	スパヤ アガル ウントゥッ(ク)
〜しないように	supaya tidak supaya jangan	スパヤ　ティダッ(ク) スパヤ　ジャンガン
〜だけれども	meskipun walaupun	ムスキプン ワらウプン

14. よく使う形容詞

熱い、暑い	panas	パナス
冷たい、寒い	dingin	ディンギン
暖かい、温かい	hangat	ハンガッ(ト)
涼しい	sejuk	スジュッ(ク)
大きい	besar	ブサル
小さい	kecil	クチる
遠い	jauh	ジャウ
近い	dekat	ドゥカッ(ト)
高い〔値段〕	mahal	マハる
安い〔値段〕	murah	ムラー
高い〔身長〕	tinggi	ティンギ
低い〔身長〕	rendah / péndék	ルンダー／ペンデッ(ク)
良い、 すばらしい	bagus baik	バグス バイク
悪い〔質〕 悪い〔人〕	jelék jahat	ジュれッ(ク) ジャハッ(ト)
優しい〔人〕	baik hati	バイク　ハティ
新しい	baru	バル
古い	tua kuno	トゥア クノ

おいしい	énak sedap lezat	エナッ(ク) スダッ(プ) るザッ(ト)
まずい(おいしくない)	tidak énak	ティダッ(ク) エナッ(ク)
易しい、簡単な	mudah gampang	ムダー ガムパン
難しい	sulit / susah	スりッ(ト)／スサー
早い、速い	cepat	チュパッ(ト)
遅い	lambat	らムバッ(ト)
長い	panjang	パンジャン
短い	péndék	ペンデッ(ク)
重い	berat	ブラッ(ト)
軽い	ringan	リンガン
忙しい	sibuk	シブッ(ク)
暇な	senggang	スンガン
うれしい、楽しい	senang	スナン
悲しい	sedih	スディ(ヒ)
おもしろい	menarik	ムナリッ(ク)
つまらない	membosankan	ムムボサンカン
安全な	aman	アマン
危ない、危険な	berbahaya	ブルバハヤ
美しい〔人・物の外見〕 美しい〔風景〕	cantik indah	チャンティッ(ク) インダー

15. よく使う動詞

行く	pergi	プルギ
来る	datang	ダタン
会う、出会う	bertemu ketemu	ブルトゥム クトゥム
待つ	tunggu menunggu	トゥング ムヌング
歩く	jalan	ジャらン
帰る	pulang	プらン
食べる	makan	マカン
飲む	minum	ミヌム
料理をする	masak memasak	マサッ(ク) ムマサッ(ク)
使う	pakai memakai	パカイ ムマカイ
作る	buat membuat	ブアッ(ト) ムムブアッ(ト)
電話をする	télépon menélépon	テれポン ムネれポン
メールを送る	kirim imél	キリム イメる
住む	tinggal	ティンガる
泊まる	menginap	ムンギナプ
注文する、予約する	pesan memesan	プサン ムムサン
もらう	terima menerima	トゥリマ ムヌリマ
教える	mengajar	ムンガジャル
勉強する、習う	belajar	ブらジャル
教えてあげる	kasih tahu	カシー タウ
理解する、わかる	mengerti paham	ムングルティ パハム
見る	lihat melihat	りハッ(ト) ムりハッ(ト)

観る	nonton menonton	ノントン ムノントン
見せる	kasih lihat	カシー りハッ(ト)
話す	bicara berbicara	ビチャラ ブルビチャラ
言う	bilang berkata	ビらン ブルカタ
聞く、質問する	tanya bertanya	タニャ ブルタニャ
答える	jawab menjawab	ジャワ(ブ) ムンジャワ(ブ)
買う	beli membeli	ブり ムムブり
買い物をする	belanja	ブらンジャ
売る	jual menjual	ジュアる ムンジュアる
払う	bayar membayar	バヤル ムムバヤル
探す	cari mencari	チャリ ムンチャリ
試す	coba mencoba	チョバ ムンチョバ
選ぶ	pilih memilih	ピりー ムミりー
決める	memutuskan	ムムトゥスカン
確かめる	memastikan	ムマスティカン
歌う	nyanyi menyanyi	ニャニィ ムニャニィ
笑う	ketawa tertawa	クタワ トゥルタワ
泣く	menangis	ムナンギス
働く、仕事をする	kerja bekerja	クルジャ ブクルジャ

休む	libur istirahat	りブル イスティラハッ(ト)
持っている	punya mempunyai	プニャ ムムプニャイ
持って来る	bawa membawa	バワ ムムバワ
迎えに行く	jemput menjemput	ジュムプッ(ト) ムンジュムプッ(ト)
立ち寄る	mampir singgah	マンピル シンガー
忘れる	lupa	るパ
寝る	tidur	ティドゥル
起きる	bangun	バングン
誘う	ajak mengajak	アジャ(ク) ムンガジャ(ク)
付いて行く、付いて来る	ikut	イクッ(ト)
座る	duduk	ドゥドゥッ(ク)
呼ぶ	panggil	パンギる
入る	masuk	マスッ(ク)
出る	keluar	クるアル
旅行する、観光する	wisata	ウィサタ
両替する	tukar uang	トゥカル ウアン
値切る	tawar menawar	タワル ムナワル
書く	tulis menulis	トゥりス ムヌりス
読む	baca membaca	バチャ ムムバチャ

Part I

これだけは!!
絶対覚えたい重要パターン21

1 これは～です

Ini ～

基本フレーズ

Ini nasi goréng.
イニ　ナシ　ゴレン
これはナシ・ゴレンです。

こんなときに使おう！

料理を説明するときに…

『Ini ～』は、「これは〔これが〕～です」「こちらは〔こちらが〕～です」という表現です。『～』には名詞がきます。例文の『nasi goréng』（ナシ・ゴレン）は「焼き飯」です。

自分の近くにあるものを「これは～だよ」と説明したり、何かを渡しながら「これが～だよ」と言うときなどに使います。

また、電話の最初に「～です」と名乗るときや、誰かを紹介するときにも使える表現です。

基本パターン

Ini ＋ 名詞〔人、物、場所など〕

インドネシア語では、英語のbe動詞にあたる語は、簡単な文の中では使われません。また、名詞には冠詞はつきません。

 基本パターンで言ってみよう! track 1

Ini nomor HP saya.
イニ ノモル ハペ サヤ

これは私の携帯電話番号です。

ワンポイント『nomor』番号 『HP (Handphone)』携帯電話

Ini kamus bahasa Indonesia.
イニ カムス バハサ インドネシア

これはインドネシア語の辞書です。

ワンポイント『kamus』辞書 『bahasa Indonesia』インドネシア語

Ini réstoran Jepang yang terkenal.
イニ レストラン ジュパン ヤン トゥルクナる

ここは有名な日本レストランですよ。

ワンポイント『réstoran Jepang』日本レストラン
『yang terkenal』(その)有名な

Ini teman saya, Junpei.
イニ トゥマン サヤ ジュンペイ

こちらは友人の淳平さんです。〔人を紹介するとき〕

ワンポイント『teman saya』(私の)友人

Ini Ibu Sinta, guru bahasa Indonesia saya.
イニ イブ シンタ グル バハサ インドネシア サヤ

こちらはシンタさんで、私のインドネシア語の先生です。

ワンポイント『Ibu』~さん〔目上の女性への敬称〕『guru』先生

Ini namanya rendang, masakan Padang.
イニ ナマニャ ルンダン マサカン パダン

これはルンダンという名前のパダン料理です。

ワンポイント『nama+nya』これの名前
『rendang』香辛料のきいたココナッツミルクで煮込んだ牛肉の辛口料理。
『masakan』料理 『Padang』パダン〔西スマトラ地方にある地名〕

応 用

●否定パターン●

名詞の前に、否定詞の『bukan』（〜ではない）を入れるだけ！

Ini ＋ bukan ＋ 名詞

Ini bukan nasi goréng.（これはナシ・ゴレンではありません）
イニ　ブカン　ナシ　ゴレン

●疑問パターン●　2つのパターンがあります。

1　平叙文の文頭に『Apa』または『Apakah』を入れるだけ！

〔丁寧な言い方〕

Apa〔またはApakah〕＋ ini ＋ 名詞 ？

Apa〔またはApakah〕ini nasi goréng?
アパ　アパカー　イニ　ナシ　ゴレン

（これはナシ・ゴレンですか？）

2　平叙文のままで、文末のイントネーションを上げるだけ！

〔会話的な言い方〕

Ini nasi goréng?（これ、ナシ・ゴレン？）
イニ　ナシ　ゴレン

答え方　Ya.　（はい）
ヤ

Ya, betul.（はい、そうです）
ヤ　ブトゥる

Bukan.　（いいえ（違います））
ブカン

※否定詞『bukan』は、返事の「いいえ」と否定の「〜ではない」の両方に使います。

応用パターンで言ってみよう! track 1

Ini bukan punya saya.
イニ　ブカン　プニャ　サヤ

これは私のものじゃないよ。

ワンポイント『punya saya』私が所有するもの、私のもの

Ini bukan nomor HP saya.
イニ　ブカン　ノモル　ハペ　サヤ

これは私の携帯電話の番号ではありません。

Apa ini toko buku Gramedia?
アパ　イニ　トコ　ブク　グラメディア

ここはグラメディアという本屋ですか？

ワンポイント『toko』店　『buku』本　『toko buku』本屋

Apakah ini kamus bahasa Indonesia?
アパカー　イニ　カムス　バハサ　インドネシア

これはインドネシア語の辞書ですか？

Apakah ini nomor HP Anda?
アパカー　イニ　ノモル　ハペ　アンダ

これはあなたの携帯電話の番号ですか？

ワンポイント『Anda』あなた

Ini punya kamu?　これは、君の？
イニ　プニャ　カム

ワンポイント『kamu』君　『punya kamu』君が所有するもの、君のもの

これも知っておこう!

『Ini ～』を『Itu ～』に替えると、「それ〔あれ〕は～です」「それ〔あれ〕が～です」という表現になります。また、『名詞 +ini〔または itu〕～』とすると、「この〔その、あの〕名詞は～です」となります。

Itu toko favorit saya.（あれは私の好きなお店です）
イトゥ　トコ　ファフォリ(ット)　サヤ

2 私は～です

Saya ～

基本フレーズ

Saya orang Jepang.
サヤ　オラン　ジュパン
私は日本人です。

こんなときに使おう！
自分のことを話すときに…

『Saya ～』は「私は～です」という表現です。

インドネシア語には英語のbe動詞（am, is, are）にあたる語はありませんので、主語の人称、単数、複数などに関わらず、語形の変化はありません。

人称代名詞について『基本の基本』p.12～p.13を参照してください。

例文の『orang Jepang』は「日本人」という意味です。語順について『基本の基本』p.15にあったように、修飾される名詞『orang』（人）が、修飾する単語『Jepang』（日本）の前にきます。

●基本パターン●

主語〔人〕＋ 名詞

基本パターンで言ってみよう! track 2

Saya pegawai kantor.
サヤ　プガワイ　カントル

私は会社員です。

ワンポイント『pegawai』従業員　『kantor』会社、事務所

Saya Ratna, orang Indonesia.
サヤ　ラトナ　オラン　インドネシア

私はラトナで、インドネシア人です。

ワンポイント『orang ～』～人

Meréka orang Korea.
ムレカ　オラン　コレア

彼らは韓国人だよ。

Dia berasal dari Kobe.
ディア　ブルアサる　ダリ　コベ

彼女は神戸の出身だよ。

ワンポイント『dia』彼、彼女　『berasal』出身である
『dari ～』～から〔英語のfrom〕

Dia guru tari Bali.
ディア　グル　タリ　バり

彼女はバリ舞踊の先生です。

ワンポイント『guru』先生　『tari』舞踊、踊り

Kami mahasiswa tahun kedua.
カミ　マハシスワ　タウン　クドゥア

私たちは大学の2年生です。

ワンポイント『kami』私たち〔相手を含まない〕『mahasiswa』大学生
『tahun kedua』～2年目

応用

●否定パターン●

名詞の前に、否定詞の『bukan』を入れるだけ！

主語 ＋ bukan ＋ 名詞

Saya bukan orang Jepang. （私は日本人ではありません）
サヤ　ブカン　オラン　ジュパン

●疑問パターン●

1　平叙文の文頭に『Apa』または『Apakah』を入れるだけ！

※「パターン１」参照。

Apa〔Apakah〕＋ 主語 ＋ 名詞 ？

Apa〔Apakah〕Anda orang Jepang?
アパ　アパカー　アンダ　オラン　ジュパン
（あなたは日本人ですか？）

2　平叙文のままで、文末のイントネーションを上げるだけ！

Anda orang Jepang? （あなたは日本人？）
アンダ　オラン　ジュパン

答え方

Ya. / Bukan. （はい／いいえ（違います））
ヤ　ブカン

Ya, (saya) orang Jepang. （はい、（私は）日本人です）
ヤ　サヤ　オラン　ジュパン

Bukan, (saya) orang Korea.（いいえ、（私は）韓国人です）
ブカン　サヤ　オラン　コレア

ワンポイント『Ya.』または『Bukan.』だけで答えてもよいです。

応用パターンで言ってみよう!　track 2

Saya bukan orang Indonesia.
サヤ　ブカン　オラン　インドネシア
私はインドネシア人ではありません。

Dia bukan pegawai negeri.
ディア　ブカン　プガワイ　ヌグリ
彼は公務員ではありません。

ワンポイント 『pegawai negeri』 公務員

Apakah Rudi teman kerja Anda?
アパカー　ルディ　トゥマン　クルジャ　アンダ
ルディさんはあなたの同僚ですか？

ワンポイント 『teman kerja』 同僚、仕事の仲間

Apakah dia pemain film yang terkenal?
アパカー　ディア　プマイン　フィるム　ヤン　トゥルクナる
彼女は有名な女優さんですか？

ワンポイント 『pemain film』 映画の俳優、女優
『yang terkenal』（その）有名な

Dia masih bujangan?
ディア　マシー　ブジャンガン

－Dia bukan bujangan tapi sudah menikah.
ディア　ブカン　ブジャンガン　タピ　スダー　ムニカー
彼はまだ独身なの？
－彼は独身ではなく、既婚者です。

ワンポイント 『masih』 まだ～である　『bujangan』 独身
『tapi』 ～ですが、～だけど　『sudah』 既に、もう～した
『menikah（語根：nikah）』 結婚する

3 …は〜です

主語＋形容詞

基本フレーズ

Saya sibuk.
サヤ　シブッ(ク)
私は忙しいです。

こんなときに使おう！

自分の状況を聞かれて…

『主語(…)＋形容詞(〜)』は「…は〜です」という表現です。

『主語＋述語』の基本語順で、形容詞文の場合、形容詞はそのまま述語になります。

例文の『sibuk』は形容詞で「忙しい」という意味です。

基本パターン

主語〔人、物〕＋形容詞

基本パターンで言ってみよう! track 3

Saya haus.
サヤ ハウス
私は喉が渇いたよ。
ワンポイント 『haus』喉が渇く

Saya baik-baik saja.
サヤ バイク バイク サジャ
私は相変わらず元気です。
ワンポイント 『baik-baik saja』相変わらず元気です〔決まり文句〕

Saya sedikit capék.
サヤ スディキッ(ト) チャペッ(ク)
私は少し疲れています。
ワンポイント 『sedikit』ちょっと、少し 『capék』疲れる

Aku serius.
アク スリウス
僕は本気だよ。
ワンポイント 『aku』僕、俺、あたし 『serius』本気〔英語のserious〕

Kamu tinggi sekali ya.
カム ティンギ スカり ヤ
君はすごく背が高いね。
ワンポイント 『kamu』君 『tinggi』背が高い 『sekali』とても 『ya』〜ね

Mie goréng ini énak.
ミー ゴレン イニ エナッ(ク)
このミーゴレンはおいしいです。
ワンポイント 『mie goréng』焼きそば 『énak』おいしい

Bunga Sakura cantik sekali.
ブンガ サクラ チャンティッ(ク) スカり
桜の花がとてもきれいです。
ワンポイント 『bunga』花 『cantik』きれい、美しい

応用

●否定パターン●

形容詞の前に、否定詞の『tidak』を入れるだけ！

主語 ＋ tidak ＋ 形容詞

Saya tidak sibuk.（私は忙しくないです）
サヤ　ティダッ(ク) シブッ(ク)

●疑問パターン●

1 平叙文の文頭に『Apa』または『Apakah』を入れるだけ！

※「パターン１」参照。

Apa〔Apakah〕＋ 主語 ＋ 形容詞 ？

Apa〔Apakah〕Anda sibuk?（あなたは忙しいですか？）
アパ　アパカー　アンダ　シブッ(ク)

2 平叙文のままで、文末のイントネーションを上げるだけ！

Anda sibuk?（あなたは忙しい？）
アンダ　シブッ(ク)

答え方

Ya. / Tidak.（はい／いいえ）
ヤ　ティダッ(ク)

Ya, sibuk.（はい、忙しいです）
ヤ　シブッ(ク)

Tidak, saya tidak sibuk.（いいえ、私は忙しくありません）
ティダッ(ク)　サヤ　ティダッ(ク) シブッ(ク)

応用パターンで言ってみよう!

track 3

Rumah saya tidak begitu jauh dari sini.
ルマー　サヤ　ティダッ(ク) ブギトゥウ　ジャウ　ダリ　シニ

私の家は、ここからあまり遠くないです。

ワンポイント 『rumah』家　『tidak begitu』あまり～ない　『jauh』遠い

Kemarin saya tidak énak badan.
クマリン　サヤ　ティダッ(ク) エナッ(ク)　バダン

昨日、私は具合が良くなかったの。

ワンポイント 『kemarin』昨日　『énak badan』体調が良い

Apa kamu lapar?
アパ　カム　らパル

君はお腹がすいたの？

ワンポイント 『lapar』空腹である

Apa minggu depan kamu sibuk?
アパ　ミング　ドゥパン　カム　シブッ(ク)

君は来週忙しいの？

ワンポイント 『minggu depan』来週

Apakah Candi Borobudur dekat dari sini?
アパカー　チャンディ　ボロブドゥール　ドゥカッ(ト)　ダリ　シニ

ボロブドゥール寺院は、ここから近いですか？

ワンポイント 『Candi Borobudur』ボロブドゥール寺院〔ジャワ島中部の古都ジョグジャカルタ近郊にある有名な世界最大級の仏教遺跡〕
『dekat』近い

〜します

主語＋動詞 〜

基本 フレーズ

Saya minum kopi Toraja.
サヤ　ミヌム　コピ　トラジャ

私はトラジャ・コーヒーを飲みます。

こんなときに使おう！

「何を飲みますか？」と聞かれて…

『Saya＋動詞＋（目的語）』は「私は〜します」という表現です。

インドネシア語の動詞は、主語の人称、単数・複数や時制による語形の変化はありません。

例文の『minum』は「飲む」、『kopi』は「コーヒー」という意味です。

●基本パターン●

主語 ＋ 動詞 ＋（目的語）

基本パターンで言ってみよう!

track 4

Saya bekerja di perusahaan ABC.
サヤ　ブクルジャ　ディ　プルサハアン　アベチェ

私はABC会社で働いています。

ワンポイント 『bekerja（語根：kerja）di ～』～で働く、～で仕事する
『perusahaan（語根：usaha)』企業、会社

Kamu kenal dia.
カム　クナる　ディア

君は彼女を知っているよ。

ワンポイント 『kenal』（人について）知る、面識がある

Kami pergi ke Bali.
カミ　プルギ　ク　バり

私たちはバリへ行きます。

ワンポイント 『pergi（行く）＋ke（～へ)』～へ行く

Aku jalan kaki setiap hari.
アク　ジャらン　カキ　スティアプ　ハリ

僕は毎日、散歩しているんだ。

ワンポイント 『jalan kaki』歩く、散歩する　『setiap hari』毎日

Dia punya kamera dijital yang bagus.
ディア　プニャ　カメラ　ディジタる　ヤン　バグス

彼女はいいデジタルカメラを持っているよ。

ワンポイント 『punya』持っている　『yang bagus』（その）良い～

Dia belajar bahasa Inggris setiap hari Saptu.
ディア　ブらジャル　バハサ　イングリス　スティアプ　ハリ　サプトゥ

彼は毎週土曜日に英語を勉強しているよ。

ワンポイント 『belajar（語根：ajar)』勉強する、学ぶ、習う
『bahasa Inggris』英語　『setiap ～』毎～
『hari Saptu』土曜日

応用

●否定パターン●

動詞の前に、否定詞の『tidak』を入れるだけ！

主語 ＋ tidak ＋ 動詞 ＋（目的語）

Saya tidak minum kopi.
サヤ ティダッ(ク) ミヌム コピ
（私はコーヒーを飲みません）

●疑問パターン●

1 平叙文の文頭に『Apa』または『Apakah』を入れるだけ！

※「パターン１」参照。

Apa〔Apakah〕＋ 主語 ＋ 動詞 ＋（目的語）？

Apa〔Apakah〕Anda minum kopi?
アパ アパカー アンダ ミヌム コピ
（あなたはコーヒーを飲みますか？）

2 平叙文のままで、文末のイントネーションを上げるだけ！

Anda minum kopi?
アンダ ミヌム コピ
（あなたはコーヒーを飲みますか？）

答え方 Ya.（はい（飲みます））
ヤ
Tidak.（いいえ（飲みません））
ティダッ(ク)

応用パターンで言ってみよう! track 4

Saya tidak mengerti bahasa Indonesia.
サヤ ティダッ(ク) ムングルティ バハサ インドネシア

私はインドネシア語がわかりません。

ワンポイント 『mengerti（語根：erti）』わかる、解る
『bahasa ～』～語

Dia tidak main golf setiap minggu.
ディア ティダッ(ク) マイン ゴるフ スティアプ ミンッグ

彼は毎週ゴルフはしません。

ワンポイント 『main』（スポーツ・遊びなどを）する
『setiap minggu』毎週

Apa kamu punya uang kecil?
アパ カム プニャ ウアン クチる

君は小銭を持っている？

ワンポイント 『uang（お金）＋kecil（小さい）』小銭、額面の小さいお金

Apa malam ini kamu ada rencana?
アパ マらム イニ カム アダ ルンチャナ

君は今夜、何か予定はある？

ワンポイント 『ada』ある、持つ 『rencana』予定、計画

5 ～しています

主語＋sedang＋動詞 ～

基本フレーズ

Saya sedang minum téh di kafé.
サヤ　スダン　ミヌム　テー　ディ　カフェ

私はカフェで紅茶を飲んでいます。

こんなときに使おう！

「今、何をしているの？」と聞かれて…

『Saya sedang＋動詞＋（目的語）』は「私は～しています」という表現です。

『sedang』は動作の最中であることを表す助動詞であり、進行形の表現です。『sedang』の代わりに『lagi』を使うと、より会話的になります。インドネシア語には時制による動詞の変化がありません。

例文の『minum』は「飲む」、『téh』は「紅茶」、『di』は「～に、～で」で英語のin, atにあたります。

なお、継続を表現する場合は『masih』（まだ～しています）を動詞の前に入れます。

例　Dia masih tidur.（彼はまだ寝ているの）
ディア　マシー　ティドゥル

基本パターン

主語 ＋ sedang ＋ 動詞 ＋（目的語）

主語 ＋ lagi ＋ 動詞 ＋（目的語）

基本パターンで言ってみよう!

track 5

Saya sedang cari oléh-oléh.
サヤ スダン チャリ オれ オれ

私はおみやげを探しています。

ワンポイント 『cari』探す 『oléh-oléh』おみやげ

Saya sedang menulis imél ke teman saya.
サヤ スダン ムヌリス イメる ク トゥマン サヤ

私は友人にEメールを書いているところです。

ワンポイント 『menulis（語根：tulis）』書く 『imél』Eメール
『ke』～に〔英語のto〕『teman』友人

Aku sedang naik taksi menuju ke hotél.
アク スダン ナイク タクシー ムヌジュ ク ホテる

僕はホテルに向かってタクシーに乗っている。

ワンポイント 『naik』乗る 『menuju ke ～』～に〔～へ〕向かう

Saya sekarang lagi jalan-jalan di Malioboro.
サヤ スカラン らギ ジャらン ジャらン ディ マりオボロ

私は今、マリオボロを散歩しているの。

ワンポイント 『sekarang』今 『jalan-jalan』散歩する、散策する

Sekarang saya lagi menunggu teman di kafé.
スカラン サヤ らギ ムヌング トゥマン ディ カフェ

今、私は喫茶店で友人を待っているの。

ワンポイント 『menunggu（語根：tunggu）』待つ

これも知っておこう!

下記の『sedang ～』の表現も覚えておくと便利です。

sedang makan（食事中）
sedang bekerja（仕事中）
sedang keluar（外出中）
sedang di jalan（行く途中）
sedang obral（セール中）
sedang diet（ダイエット中）
sedang menerima tamu（来客中）

応用

●否定パターン●

『sedang（またはlagi）』の前に、否定詞の『tidak』を入れるだけ！

主語 ＋ tidak ＋ sedang〔lagi〕＋ 動詞 ＋（目的語）

Saya tidak sedang minum téh di kafé.
サヤ ティダッ(ク) スダン ミヌム テー ディ カフェ
（私はカフェで紅茶を飲んでいません）

●疑問パターン●

1 平叙文の文頭に『Apa』または『Apakah』を入れるだけ！

※「パターン１」参照。

Apa〔Apakah〕＋ 主語 ＋ sedang〔lagi〕＋ 動詞 ＋（目的語）？

Apa〔Apakah〕Anda sedang minum téh di kafé?
アパ アパカー アンダ スダン ミヌム テー ディ カフェ
（あなたはカフェで紅茶を飲んでいますか？）

2 平叙文のままで、文末のイントネーションを上げるだけ！

Anda sedang minum téh di kafé?
アンダ スダン ミヌム テー ディ カフェ
（あなたはカフェで紅茶を飲んでいますか？）

答え方 Ya, saya sedang minum téh.
ヤ サヤ スダン ミヌム テー
（はい、私は紅茶を飲んでいます）
Tidak, saya tidak sedang minum téh.
ティダッ(ク) サヤ ティダッ(ク) スダン ミヌム テー
（いいえ、私は紅茶を飲んでいません）

ワンポイント 『Ya.』または『Tidak.』だけで答えてもよいです。

応用パターンで言ってみよう!　track 5

Saya tidak sedang **makan.**
サヤ　ティダッ(ク)　スダン　マカン
私は食事中ではありません、

Saya tidak sedang **bekerja.**
サヤ　ティダッ(ク)　スダン　ブクルジャ
私は仕事中ではありません。

Apakah **Anda** (**sekarang**) sedang **cari olēh-olēh**?
アパカー　アンダ　スカラン　スダン　チャリ　オレ　オレ
あなたは（今）おみやげを探しているのですか？

ワンポイント『cari』探す

これも知っておこう!

「何を～しているの（ですか）？」と相手にたずねるときは、疑問詞『apa』（何）を使います。

Anda sedang **melakukan** apa? 〔文語形〕
アンダ　スダン　ムらクカン　アパ
（あなたは何をしているの？）
－**Saya** tidak sedang **melakukan** apa-apa.
サヤ　ティダッ(ク)　スダン　ムらクカン　アパ　アパ
（私は何もしていません）

Kamu lagi apa? 〔口語形〕（君は何をしているの？）
カム　らギ　アパ
－Lagi **nganggur.**　（何もしていないよ〔暇だよ〕）
らギ　ンガングル

ワンポイント『melakukan（語根：laku）』行う、する〔英語の do〕
『tidak＋動詞＋apa-apa』何も～しない
『menganggur（語根：anggur）』仕事がない、何もしない

6 ～するつもりです

主語 ＋ akan ＋ 動詞 ～

基本フレーズ

Saya akan pergi belanja
サヤ　アカン　プルギ　ブランジャ
ke Mall bésok.
ク　モーる　ベソッ(ク)
私は明日モールへ買い物に
行くつもりです。

こんなときに使おう!

「明日はどうするの？」と聞かれて…

『Saya akan＋ 動詞 』は、「私は～するつもりです」「私は～する予定です」「私は～でしょう」という表現です。

『akan』は英語のwillのように、これからの予定を表す助動詞です。(年齢など) 自分の意思とは関係なく未来に起こること、ほぼ決まっている未来のこと、予定、予測などを言いたいときに使います。

例文の『pergi』は「行く」、『belanja』は「買い物 (する)」、『bésok』は「明日」という意味です。

なお、未来を表す言葉は「基本の基本」のp23～p24を参照してください。

●基本パターン●

主語 ＋ akan ＋ 動詞 ＋ (目的語)

基本パターンで言ってみよう! track 6

Bésok akan hujan.
ベソッ(ク) アカン フジャン

明日は雨でしょう。

ワンポイント『hujan』雨　※主語が省略されています。

Dia akan kembali dalam 10 menit.
ディア アカン クムバリ ダラム スプル ムニッ(ト)

彼女は10分で戻るでしょう。

ワンポイント『kembali』戻る　『dalam』～中〔英語のin, within〕
『sepuluh』10　『～ menit』～分

Kami akan berangkat ke Malaysia bésok pagi.
カミ アカン ブランカット ク マライシア ベソッ(ク) パギ

私たちは明日の朝、マレーシアに出発します。

ワンポイント『kami』私たち〔相手を含まない〕『berangkat』出発する

Bulan depan saya akan berusia 30 tahun.
ブラン ドゥパン サヤ アカン ブルウシア ティガ プル タウン

来月、私は30歳になります。

ワンポイント『berusia』～歳である『tiga puluh』30『～ tahun』～歳

Nanti (akan) aku kasih tahu ya.
ナンティ アカン アク カシー タウ ヤ

あとで知らせるね。

ワンポイント『nanti』あとで（未来を表すので『akan』を省略してもよい）
『kasih tahu』教えてあげる、知らせる
（kasih：与える　tahu：知る）

これも知っておこう!

主語の『Saya（私）』を言わない場合もあります。

Akan bayar dengan uang tunai.（現金で払います）
アカン バヤル ドゥンガン ウアン トゥナイ

ワンポイント『bayar』払う　『dengan ～』～で　『uang tunai』現金

応用

●否定パターン●

助動詞『akan』の前に、否定詞の『tidak』を入れるだけ！

主語 ＋ tidak ＋ akan ＋ 動詞 ＋（目的語）

Saya tidak akan pergi belanja bésok.
サヤ ティダッ(ク) アカン プルギ ブランジャ ベソッ(ク)
（私は明日、買い物に行かないつもりです）

●疑問パターン●

1 平叙文の文頭に『Apa』または『Apakah』を入れるだけ！

Apa〔Apakah〕＋ 主語 ＋ akan ＋ 動詞 ＋（目的語）？

Apa〔Apakah〕Anda akan pergi belanja bésok?
アパ アパカー アンダ アカン プルギ ブランジャ ベソッ(ク)
（あなたは明日、買い物に行くつもりですか？）

2 平叙文のままで、文末のイントネーションを上げるだけ！

Anda akan pergi belanja bésok?
アンダ アカン プルギ ブランジャ ベソッ(ク)
（あなたは明日、買い物に行くつもりですか？）

答え方
Ya. / Tidak. （はい／いいえ）
ヤ ティダッ(ク)
Ya, mungkin. （はい、たぶん（おそらく））
ヤ ムンキン
Tidak, belum tahu.（いいえ、まだわからない）
ティダッ(ク) ブるム タウ

ワンポイント『Ya.』または『Tidak.』だけで答えてもよいです。

応用パターンで言ってみよう! track 6

Saya tidak akan pergi liburan ke London.
サヤ ティダッ(ク) アカン プルギ りブラン ク ロンドン

私はロンドンに旅行に行かないつもり。

ワンポイント『pergi liburan』旅行に行く

Dia tidak akan beli patung Bali itu.
ディア ティダッ(ク) アカン ブり パトゥン バリ イトゥ

彼女はあのバリ島の彫像を買わないでしょう。

ワンポイント『beli』買う 『patung Bali』バリ島の彫像

Malam ini saya tidak akan pergi keluar.
マらム イニ サヤ ティダッ(ク) アカン プルギ クるアル

今夜、私は外出しないつもりです。

ワンポイント『pergi keluar』外出する

Apa kamu bébas hari Jumat malam?
アパ カム ベバス ハリ ジュムアッ(ト) マらム

君は金曜日の夜、暇？

ワンポイント『bébas』暇、自由である 『hari Jumat』金曜日 『malam』夜

Anda akan ikut sama-sama kita bésok?
アンダ アカン イクッ(ト) サマ サマ キタ ベソッ(ク)

あなたは明日、私たちと一緒に来る？

ワンポイント『ikut』ついて来る 『sama-sama』一緒に
『kita』私たち〔相手を含む〕

これも知っておこう!

「願望・目的を持つ」「意思がある」というフォーマルな表現『berniat』『bermaksud』もあります。

Saya berniat melamar pacar saya tahun depan.
サヤ ブルニアッ(ト) ムらマル パチャル サヤ タウン ドゥパン

（私は来年、恋人にプロポーズしようと思っています）

ワンポイント『melamar（語根：lamar）』結婚を申し込む 『pacar』恋人

7 ～しました

(過去を表す言葉) + 主語 + 動詞 ～

基本フレーズ

Kemarin saya main ténis.
クマリン　サヤ　マイン　テニス

昨日、私はテニスをしました。

こんなときに使おう！

「昨日は何をしたの？」と聞かれて…

『(過去を表す言葉) +saya+ 動詞 + (目的語)』は「私は～しました」という表現です。

「過去を表す言葉」は、文頭・文中・文末のどこに用いてもよいです。例文の『kemarin』は「昨日」、『main』は「(スポーツなどを) する」という意味です。

なお「時」を表す言葉は「基本の基本」p21～p26を参照してください。

インドネシア語では時制による動詞の変化はありませんので、「時」を表す言葉や助動詞によって時制を表現します。

「過去を表す言葉」がない場合は、文脈から過去形かどうかを読み取ります。

例　Saya berhenti kerja. (私は仕事を辞めました)
サヤ　ブルフンティクルジャ

※『berhenti (語根：henti)』辞める、止まる

基本パターン

(過去を表す言葉) + 主語 + 動詞 + (目的語)

基本パターンで言ってみよう! track 7

Tadi pagi saya ketiduran.
タディ パギ サヤ クティドゥラン

今朝、私は寝坊したの。

ワンポイント『tadi pagi』今朝 『ketiduran（語根：tidur）』寝坊する

Kemarin malam dia terlalu banyak minum.
クマリン マらム ディア トゥルらる バニャッ(ク) ミヌム

昨日の夜、彼女は飲みすぎた。

ワンポイント『kemarin malam』昨日の夜 『terlalu』～すぎる
『banyak』多い、たくさん 『minum』飲む

Saya ketemu dia dua hari yang lalu.
サヤ クトゥム ディア ドゥア ハリ ヤン らる

私はおととい彼女に会ったよ。

ワンポイント『ketemu（語根：temu）』会う
『dua hari yang lalu』おととい、2日前

Dia meninggalkan réstoran itu 2, 3 menit yang lalu.
ディア ムニンガるカン レストラン イトゥドゥア ティガ ムニッ(ト) ヤン らる

彼は2～3分前にそのレストランを出ました。

ワンポイント『meninggalkan（語根：tinggal）』～を去る、後にする
『dua』2 『tiga』3 『～ menit』～分 『yang lalu』過ぎ去った

これも知っておこう!

『baru（saja）＋ 動詞 』で「～したばかりです」という完了・結果を表すことができます。

Teman saya baru tiba di bandara Haneda.
トゥマン サヤ バル ティバ ディ バンダラ ハネダ

（友人は羽田空港に着いたばかりです）

ワンポイント『teman』友人 『tiba』着く、到着する 『bandara』空港

応用

●否定パターン●

動詞の前に、否定詞の『tidak』を入れるだけ！

（過去を表す言葉）＋ 主語 ＋ **tidak** ＋ 動詞 ＋（目的語）

Kemarin saya tidak main ténis.
クマリン　サヤ　ティダッ(ク)　マイン　テニス
（私は昨日、テニスをしませんでした）

●疑問パターン●

1 平叙文の文頭に『Apa』または『Apakah』を入れるだけ！

Apa〔Apakah〕 ＋（過去を表す言葉）＋ 主語 ＋ 動詞 ＋（目的語）？

Apa〔Apakah〕kemarin Anda main ténis?
アパ　アパカー　クマリン　アンダ　マイン　テニス
（あなたは昨日、テニスをしましたか？）

2 平叙文のままで、文末のイントネーションを上げるだけ！

Kemarin Anda main ténis?
クマリン　アンダ　マイン　テニス
（あなたは昨日、テニスをしましたか？）

答え方　Ya, saya main.　（はい、しました）
ヤ　サヤ　マイン
Tidak, saya tidak main.（いいえ、しませんでした）
ティダッ(ク)　サヤ　ティダッ(ク) マイン

ワンポイント『Ya.』または『Tidak.』だけで答えてもよいです。

応用パターンで言ってみよう!　track 7

Minggu lalu kami tidak pergi ke Yokohama.
ミング　らる　カミ　ティダッ(ク)　プルギ　ク　ヨコハマ

先週、私たちは横浜に行かなかったよ。

Apakah Anda menikmati pésta semalam?
アパカー　アンダ　ムニクマティ　ペスタ　スマらム

あなたは昨夜のパーティを楽しみましたか？

ワンポイント『menikmati（語根：nikmat)』楽しむ

Tadi kamu télépon dia?
タディ　カム　テれポン　ディア

さっき、君は彼女に電話した？

ワンポイント『tadi』さっき、先ほど　『télépon』電話、電話する

Kemarin kamu main selancar di Uluwatu?
クマリン　カム　マイン　スらンチャル　ディ　ウルワトゥ

昨日、君はウルワトゥでサーフィンをしたの？

ワンポイント『main selancar』サーフィンをする

これも知っておこう!

「過去を表す言葉」がない場合は、文脈から過去形かどうかを読み取ります。

Saya tidak kenal dia.（私は彼女を知らなかったの）
サヤ　ティダッ(ク)　クナる　ディア

Dia tidak ingat saya.（彼は私のことを覚えていなかったよ）
ディア　ティダッ(ク)　インガッ(ト)　サヤ

ワンポイント『kenal』〔人について〕知る、面識がある　『ingat』覚えている

(もう)~しました

主語 + sudah + 動詞 ~

基本 フレーズ

Saya sudah nonton film ini.
サヤ　スダー　ノントン　フィるム イニ
私はもうこの映画を観ました。

こんなときに使おう!

「もう映画を観た?」と聞かれて…

『Saya sudah + 動詞 + (目的語)』は、「私は(もう)~しました」という完了の表現です。現時点で終了している動作を伝えるときにも使われます。

『sudah』は過去を表す助動詞で、代わりに『telah』を用いても意味は変わりませんが、『sudah』を使うのが一般的です。

また『sudah』や『telah』を言わなくても、「過去を表す言葉」を入れるだけで過去・完了を表現することができますが、『sudah』や『telah』があることによって文章のニュアンスが強調されます。

●基本パターン●

主語 + sudah + 動詞 + (目的語)

基本パターンで言ってみよう!　track 8

Saya sudah pesan.
サヤ　スダー　プサン
私はもう注文しました。
ワンポイント『pesan』注文する、予約する

Saya sudah menyelesaikan PR.
サヤ　スダー　ムニュるサイカン　ペーエル
私はもう宿題を終わらせたよ。
ワンポイント『menyelesaikan（語根：selesai）』終わらせる　『PR』宿題

Aku sudah makan pagi.
アク　スダー　マカン　パギ
僕はもう朝ご飯を食べました。
ワンポイント『makan pagi』朝ご飯を食べる、朝食

Dia sudah telanjur pulang.
ディア　スダー　トゥらンジュル　プらン
彼女はもう帰宅してしまいました。
ワンポイント『telanjur』〜してしまう　『pulang』帰る

Masalah sudah terpecahkan.
マサらー　スダー　トゥルプチャ(ハ)カン
問題はもう解決したよ。
ワンポイント『masalah』問題　『terpecahkan（語根：pecah）』解決される

Ayam goréng itu sudah terjual habis.
アヤム　ゴレン　イトゥ　スダー　トゥルジュアる　ハビス
あの唐揚げはもう売り切れてしまいました。
ワンポイント『ayam goréng』唐揚げ　『terjual（語根：jual）』売られる
『habis』なくなる　『terjual habis』売り切れる

応用

●否定パターン●

動詞の前に、否定詞の『belum』（まだ～していない）を入れるだけ！

主語 ＋ belum ＋ 動詞 ＋（目的語）

Saya belum nonton film ini.（私はまだこの映画を観ていません）
サヤ　ブるム　ノントン　フィるム イニ

●疑問パターン●

1 平叙文の文頭に『Apa』または『Apakah』を入れるだけ！

Apa〔Apakah〕＋ 主語 ＋ sudah ＋ 動詞 ＋（目的語）?

Apa〔Apakah〕Anda sudah nonton film ini?
アパ　アパカー　アンダ　スダー　ノントン　フィるム イニ
（あなたはもうこの映画を観ましたか？）

2

Sudahkah ＋ 主語 ＋ 動詞 ＋（目的語）?

Sudahkah Anda nonton film ini?
スダーカー　アンダ　ノントン　フィるム イニ
（あなたはもうこの映画を観た？）

3 平叙文のままで、文末のイントネーションを上げるだけ！

Anda sudah nonton film ini?
アンダ　スダー　ノントン　フィるム イニ
（あなたはもうこの映画を観た？）

答え方　Ya, sudah nonton.　（はい、もう観ました）
ヤ　スダー　ノントン

Belum, belum nonton.（いいえ、まだ観ていません）
ブるム　ブるム　ノントン

ワンポイント『Sudah.』または『Belum.』だけで答えてもよいです。

応用パターンで言ってみよう! track 8

Saya belum makan siang.
サヤ ブるム マカン シアン

私はまだ昼ご飯を食べていない。

ワンポイント 『makan siang』 昼ご飯を食べる、昼食

Saya belum pesan kamar.
サヤ ブるム プサン カマル

私はまだ部屋を予約していません。

ワンポイント 『pesan』（部屋、席、券などを）予約する、
（食べ物・飲み物を）注文する、メッセージ（伝言）

Sudahkah Anda putuskan?
スダーカー アンダ プトゥスカン

あなたはもう決めましたか？

ワンポイント 『putuskan（語根：putus）』 決める

Apakah Anda sudah bicara dengan dia?
アパカー アンダ スダー ビチャラ ドゥンガン ディア

あなたはもう彼女に話しましたか？

ワンポイント 『bicara』 話す 『dengan』 ～に、～と

Apa kamu sudah beli tikét untuk nonton Tari Kécak bésok?
アパ カム スダー ブり ティケッ(ト) ウントゥッ(ク) ノントン タリ ケチャッ(ク) ベソッ(ク)

君は明日観るケチャック・ダンスのチケットをもう買ったの？

ワンポイント 『beli』 買う 『untuk』 ～のため 『nonton』 観る
『Tari Kécak』 ケチャック・ダンス〔バリ島の有名な踊り〕

ずっと～です〔～しています〕

主語＋(sudah)＋形容詞または動詞＋時を表す接続詞

基本フレーズ

Saya (sudah) sibuk
サヤ　スダー　シブッ(ク)
sejak hari Senin.
スジャク　ハリ　スニン
私は月曜日からずっと忙しいの。

こんなときに使おう！
「最近どう？」と聞かれて…

『Saya (sudah) + 形容詞または動詞 ～』に、時を表す接続詞の『sejak ～』『selama ～』などを続けることによって、「私は（もう）ずっと～の状態にある〔ずっと～しています〕」という継続を表します。

『sejak ～』は「～以来、～から」〔英語のsince ～〕、『selama ～』は「～の間」〔英語の for ～〕という意味です。

●基本パターン●

主語 ＋ sudah ＋ 形容詞または動詞 ＋ sejak ～

主語 ＋ sudah ＋ 形容詞または動詞 ＋ selama ～

※場合によって「時」を表す接続詞を文頭に置き、文章のニュアンスを強調します。

基本パターンで言ってみよう! track 9

Saya sudah lapar sejak bangun tadi pagi.
サヤ スダー らパル スジャク バングン タディ パギ
私は今朝起きてからずっとお腹が空いている。
ワンポイント『lapar』空腹 『bangun』起きる 『tadi pagi』今朝

Saya sudah bekerja di perusahaan ini sejak tahun lalu.
サヤ スダー ブクルジャ ディ プルサハアン イニ スジャク タウン らる
私は去年からずっとこの会社で働いています。
ワンポイント『bekerja』働く 『perusahaan』会社

Saya sudah tinggal di Tokyo selama 10 tahun.
サヤ スダー ティンガる ディ トキョ スらマ スプる タウン
私は東京に10年間、住んでいます。
ワンポイント『tinggal』住む 『sepuluh』10 『tahun』年

Dia sudah belajar bahasa Cina selama 2 tahun.
ディア スダー ブらジャル バハサ チナ スらマ ドゥア タウン
彼女は中国語を2年間、勉強してるんだ。
ワンポイント『belajar』勉強する 『bahasa Cina』中国語 『dua』2

Saya sudah menikah selama 5 tahun.
サヤ スダー ムニカー スらマ りマ タウン
私は結婚して5年になるよ。〔私は5年間、結婚しています〕
ワンポイント『menikah（語根：nikah）』結婚する 『lima』5

これも知っておこう!

『〜 terus（menerus)』で「〜し続ける」を表すこともあります。

Ayah menonton TV terus menerus.
アヤー ムノントン トィフィ トゥルス ムヌルス
（父はずっとテレビを観ている）
ワンポイント『ayah』父 『menonton（語根：nonton)』観る、見る

応用

●否定パターン●

1

主語 ＋ sudah lama ＋ tidak ＋ 形容詞・動詞

『sudah lama』と『形容詞・動詞』の間に『tidak』を入れると「もう長い間〜ではない、〜していない」という表現になります。『lama』の他に「具体的な期間（何日間、何週間など）」を入れてもよいです。

Saya sudah lama tidak sibuk.
サヤ　スダー　らマ　ティダッ(ク)　シブッ(ク)

（私は（長い間）ずっと忙しくありません）

2

主語 ＋ sudah ＋ tidak ＋ 形容詞・動詞 ＋（期間を表す言葉）

Dia sudah tidak pulang kampung selama 2 tahun.
ディア　スダー　ティダッ(ク)　プらン　カムプン　スらマ　ドゥア　タウン

（彼はもう2年間、里帰りしていない）
※sudahが省略されるときもあります。

●疑問パターン●

平叙文の文頭に『Apa』または『Apakah』を入れるだけ！

Apa〔Apakah〕＋ 主語 ＋ sudah lama ＋ 形容詞・動詞 ？

Apa〔Apakah〕Anda sudah lama sibuk?
アパ　アパカー　アンダ　スダー　らマ　シブッ(ク)

（あなたはずっと忙しいですか？）

答え方　Ya, saya sibuk.　（はい、忙しいです）
ヤ　サヤ　シブッ(ク)

Tidak, saya tidak sibuk.（いいえ、忙しくありません）
ティダッ(ク) サヤ　ティダッ(ク) シブッ(ク)

ワンポイント 『Ya.』または『Tidak.』だけで答えてもよいです。

応用パターンで言ってみよう!

track 9

Saya sudah seminggu tidak bicara dengan dia.
サヤ　スダー　スミンッグ　ティダッ(ク)　ビチャラ　ドゥンガン　ディア

私は彼と1週間、話してないわ。

ワンポイント 『seminggu』1週間　『bicara』話す　『dengan』～と

Saya sudah tidak pergi ke Ginza sejak bulan Agustus.
サヤ　スダー　ティダッ(ク)　プルギ　ク　ギンザ　スジャク　ブラン　アグストゥス

私は8月から銀座に行ってないよ。

ワンポイント 『bulan Agustus』8月　『pergi』行く

Saya sudah tidak berenang selama 2, 3 bulan.
サヤ　スダー　ティダッ(ク)　ブルナン　スラマ　ドゥア ティガ　ブラン

私は2～3ヶ月間、泳いでいないよ。

ワンポイント 『berenang（語根：renang)』泳ぐ　『dua』2　『tiga』3

これも知っておこう!

『akhir-akhir ini』（最近）などを用いて、現在の習慣を表現できます。

Akhir-akhir ini saya rutin berolah raga di Gym.
アヒール　アヒール　イニ　サヤ　ルティン　ブルオら　ラガ　ディ　ジム

（最近、私は定期的にジムで運動している）

ワンポイント 『rutin』定期的、習慣的　『berolah raga』運動する

「どのくらいの期間、～？」とたずねるときは『Sudah berapa lama ～ ?』なども使います。

Sudah berapa lama Anda di Jepang?
スダー　ブラパ　らマ　アンダ　ディ　ジュパン

（どのくらいの期間、あなたは日本にいるのですか？）

ワンポイント 答えるときは『Sudah＋（期間・時間を表す言葉）～』で答えればよいです。

～したことがあります

主語 + pernah + 動詞 ～

Saya pernah pergi ke Amerika.
サヤ　プルナ　プルギ　ク　アメリカ
私はアメリカに行ったことがあります。

こんなときに使おう!

「アメリカに行ったことはある？」と聞かれて…

『Saya pernah + 動詞 + （目的語）+（時を表す言葉）』は、「私はかつて～したことがあります」という経験を表す助動詞の表現です。

例文の『pernah』は「かつて」、『pergi』は「行く」という意味です。

さらに強調したい場合は『sudah pernah』（もう～したことがあります）という表現を使ってもよいです。

例　Saya sudah pernah ke sana.
サヤ　スダー　プルナ　ク　サナ
（私はもうそこに行ったことがあるよ）

●基本パターン●

主語 + pernah + 動詞 +（目的語）+（時を表す言葉）

基本パターンで言ってみよう! track 10

Saya pernah ganti kerja.
サヤ プルナ ガンティ クルジャ
私は転職したことがあります。
ワンポイント『ganti』変える 『kerja』仕事

Saya pernah mendengar banyak tentang Anda.
サヤ プルナ ムンドゥンガル バニャッ(ク) トゥンタン アンダ
あなたのお噂はよく伺っていますよ。
ワンポイント『mendengar (語根 : dengar)』聞く『banyak』たくさん
『tentang』~について

Kami pernah menginap di Guest House di Bali.
カミ プルナ ムンギナプ ディ ゲスト ハウス ディ バリ
私たちはバリでゲストハウスに泊まったことがあります。
ワンポイント『menginap』泊まる

Sebelumnya saya pernah coba selam scuba.
スブるムニャ サヤ プルナ チョバ スらム スクバ
以前、私はスキューバダイビングを試したことがあるよ。
ワンポイント『coba』試す『selam』ダイビング、潜る

これも知っておこう!

『sempat』(~する機会がある、~余裕がある)という意味の副詞で経験を表現できます。

Waktu ke Jepang, kami juga sempat pergi wisata ke Kyoto.
ワクトゥ ク ジュパン カミ ジュガ スンパッ(ト) プルギ ウィサタ ク キョト
日本に行ったとき、私たちは京都にも観光に行く機会があった。
ワンポイント『Jepang』日本 『juga』~も 『pergi wisata』観光に行く

応用

●否定パターン●

助動詞『pernah』の前に、『tidak』または『belum』を入れるだけ！

主語 ＋ tidak pernah ＋ 動詞 ＋（目的語）（一度も～ない）

主語 ＋ belum pernah ＋ 動詞 ＋（目的語）（まだ～ない）

Saya tidak pernah pergi ke Amerika.
サヤ ティダッ(ク) プルナ プルギ ク アメリカ
（私は一度もアメリカに行ったことがありません）

Saya belum pernah pergi ke Amerika.
サヤ ブるム プルナ プルギ ク アメリカ
（私はまだアメリカに行ったことがありません）

●疑問パターン●

1 平叙文の文頭に『Apa』または『Apakah』を入れるだけ！

Apa〔Apakah〕 ＋ 主語 ＋ pernah ＋ 動詞 ＋（目的語）？

Apa〔Apakah〕Anda pernah pergi ke Amerika?
アパ アパカー アンダ プルナ プルギ ク アメリカ
（あなたはアメリカに行ったことがありますか？）

2

Pernahkah ＋ 主語 ＋ 動詞 ＋（目的語）？

Pernahkah Anda pergi ke Amerika?
プルナカー アンダ プルギ ク アメリカ
（あなたはアメリカに行ったことがありますか？）

3 平叙文のままで、文末のイントネーションを上げるだけ！

Anda pernah pergi ke Amerika?
アンダ　プルナ　プルギ　ク　アメリカ

（あなたはアメリカに行ったことがありますか？）

答え方　Ya, pernah. / Tidak pernah. / Belum pernah.
ヤ　プルナ　ティダッ(ク)　プルナ　ブるム　プルナ

（はい、あります／一度もありません／まだありません）

応用パターンで言ってみよう!　track 10

Rudi belum pernah main golf.
ルディ　ブるム　プルナ　マイン　ゴルフ

ルディはまだゴルフをしたことがありません。

Saya belum pernah mencoba masakan Padang.
サヤ　ブるム　プルナ　ムンチョバ　マサカン　パダン

私はまだパダン料理を試食したことがありません。

Sampai sekarang saya tidak pernah bolos sekolah.
サムパイ　スカラン　サヤ　ティダッ(ク)　プルナ　ボろス　スコらー

今まで、私は一度も学校をさぼったことがないよ。

ワンポイント 『sampai sekarang』今まで　『bolos』さぼる
『sekolah』学校

Pernahkah kamu makan nasi Gudeg?
プルナカー　カム　マカン　ナシ　グデッグ

君はナシ・グデッグを食べたことがある？

ワンポイント 『nasi Gudeg』白いご飯の上に載せるグデグという若いジャックフルーツの実をココナッツミルクとパームシュガーと、インドネシアのスパイスなどで煮込んだ料理。

11 ～できます

主語 ＋ bisa ＋動詞 ～

基本フレーズ

Saya bisa berbicara
サヤ　ビサ　ブルビチャラ
bahasa Inggris.
バハサ　イングリス
私は英語を話すことができます。

こんなときに使おう！

「何か外国語を話せる？」と聞かれて…

『Saya bisa＋ 動詞 ＋（ 目的語 ）』は、「私は～することができる」という表現です。

『bisa』は「可能」を表す助動詞で、「～できる」という意味です〔英語のcan〕。『dapat』に代用されることもあります。

例　Anda dapat membayar dengan kartu krédit.
アンダ　ダパッ(ト)　ムムバヤル　ドゥンガン　カルトゥ　クレディッ(ト)
（(あなたは) クレジットカードでお支払いできます）
※『membayar（語根：bayar)』払う　『dengan』～で

口語では『dapat』よりも『bisa』のほうがよく使われます。

例文の『berbicara』は「話す」、『bahasa Inggris』は「英語」という意味です。

基本パターン

主語 ＋ bisa ＋ 動詞 ＋（ 目的語 ）

基本パターンで言ってみよう! track 11

Tini bisa berbahasa Jepang.
ティニ　ビサ　ブルバハサ　ジュパン

ティニさんは日本語を話せます。

ワンポイント『berbahasa Jepang』日本語を話す
(berbahasa：言葉を使う)

Dia bisa hadir di pertemuan.
ディア　ビサ　ハディル　ディ　プルトゥムアン

彼は打ち合わせに出席できます。

ワンポイント『hadir』出席する　『pertemuan』打ち合わせ、会議

Hari ini saya bisa kerja lembur.
ハリ　イニ　サヤ　ビサ　クルジャ　るムブル

今日、私は残業できます。

ワンポイント『hari ini』今日　『kerja lembur』残業する

Anda bisa pergi ke Kanazawa dengan Shinkansen.
アンダ　ビサ　プルギ　ク　カナザワ　ドゥンガン　シンカンセン

（あなたは）新幹線で金沢に行けます。

ワンポイント『pergi』行く　『dengan』～で〔英語のby〕

Bésok pagi kita bisa ketemu di lobi hotél jam 10.
ベソッ(ク)　パギ　キタ　ビサ　クトゥム　ディ　ろビ　ホテる　ジャム スプる

明日の朝、私たちは10時にホテルのロビーで会えるよ。

ワンポイント『bésok』明日　『pagi』朝　『kita』私たち〔相手を含む〕
『ketemu』会う　『jam＋数字』～時　『sepuluh』10

応用

●否定パターン●

助動詞『bisa』の前に、否定詞の『tidak』を入れるだけ！

主語 ＋ tidak ＋ bisa ＋ 動詞 ＋（目的語）

Saya tidak bisa berbicara bahasa Inggris.
サヤ ティダッ(ク) ビサ ブルビチャラ バハサ イングリス
（私は英語を話せません）

●疑問パターン●

1 平叙文の文頭に『Apa』または『Apakah』を入れるだけ！

Apa〔Apakah〕＋ 主語 ＋ bisa ＋ 動詞 ＋（目的語）？

Apa〔Apakah〕Anda bisa berbahasa Inggris?
アパ アパカー アンダ ビサ ブルバハサ イングリス
（あなたは英語を話せますか？）

2

Bisakah ＋ 主語 ＋ 動詞 ＋（目的語）？

Bisakah Anda berbahasa Inggris?（あなたは英語を話せる？）
ビサカー アンダ ブルバハサ イングリス

3 平叙文のままで、文末のイントネーションを上げるだけ！

Anda bisa berbahasa Inggris?（あなたは英語を話せる？）
アンダ ビサ ブルバハサ イングリス

答え方 Ya, bisa. （はい、話せます）
ヤ ビサ

Tidak bisa.（いいえ、話せません）
ティダッ(ク) ビサ

応用パターンで言ってみよう! track 11

Saya tidak bisa percaya!
サヤ ティダッ(ク) ビサ プルチャヤ

信じられない！

ワンポイント『percaya』信じる

Saya sama sekali tidak bisa berbicara bahasa Indonesia.
サヤ サマ スカり ティダッ(ク) ビサ ブルビチャラ バハサ インドネシア

私はインドネシア語を全く話せません。

ワンポイント『sama sekali』全く

(Saya) bisa minta Aqua?
サヤ ビサ ミンタ アクア

お水をいただけますか？

ワンポイント『minta』頼む、要求する、願う、乞う

(Anda) bisa kasih lihat kain Batik itu?
アンダ ビサ カシー りハッ(ト) カイン バティッ(ク)イトゥ

そのバティック布を見せていただけますか？

ワンポイント『kasih lihat』見せてあげる（kasih：与える　lihat：見る）

『kain』布

これも知っておこう!

『mampu』『sanggup』も「可能」を表す助動詞で、「～できる、～の能力がある」という意味です。

Kami tidak mampu membeli mobil.
カミ ティダッ(ク) マンプ ムムブり モビる

（私たちは車を買うことができない）

ワンポイント『membeli』買う　『mobil』車

Dia tidak sanggup membayar séwa rumahnya.
ディア ティダッ(ク) サングッ(プ) ムムバヤル セワ ルマニャ

（彼は家賃を払えないんだ）

ワンポイント『membayar』払う　『séwa rumah』家賃　『rumahnya』彼の家

12 ～しなければなりません

主語 + harus + 動詞 ～

基本フレーズ

Saya harus pergi sekarang.
サヤ　ハルス　プルギ　スカラン
私は今、行かなきゃ。

こんなときに使おう!

急いでいるときに…

『Saya harus + 動詞 + (目的語)』は「私は～しなければならない」「私は～するべきである」という表現です。

例文の『pergi』は「行く」、『sekarang』は「今、現在」という意味です。

『harus』は英語のmustやhave toのように「義務」を表す助動詞です。同じ意味の『mesti』も代用できます。

例　Aku mesti pesan tikét bis malam.
アク　ムスティ　プサン　ティケッ(ト)ビス　マラム
(僕は夜行バスのチケットを予約しなければならない)
※『pesan』予約する　『bis malam』夜行バス

●基本パターン●

主語 + harus + 動詞 + (目的語)

基本パターンで言ってみよう! track 12

Minggu depan saya harus kembali kerja.
ミング ドゥパン サヤ ハルス クンバり クルジャ

来週、私は仕事に戻らなければならない。

ワンポイント 『kembali』戻る、帰って来る 『kerja』仕事

Bésok pagi saya harus bangun pagi-pagi.
ベソッ(ク) パギ サヤ ハルス バングン パギ パギ

明日の朝、私は早起きしなければならない。

ワンポイント 『bésok』明日 『bangun』起きる 『pagi-pagi』朝早く

Kamu harus ganti pesawat yang menuju ke Acéh di bandara.
カム ハルス ガンティ プサワッ(ト) ヤン ムヌジュ ク アチェ ディ バンダラ

君は空港でアチェ行きの飛行機に乗り換えなきゃいけないよ。

ワンポイント 『ganti』変える、替える 『pesawat』飛行機
『yang menuju』~方面、~行き 『bandara』空港

Kita semua harus saling menolong.
キタ スムア ハルス サりン ムノろン

私たちは皆、お互いに助け合うべきだ。

ワンポイント 『kita』私たち〔相手を含む〕『semua』全部の、全て
『saling』お互いに 『menolong(語根:tolong)』助ける

これも知っておこう!

「~する義務がある」は『wajib』という助動詞で表現します。

Setiap orang wajib membayar pajak konsumsi.
スティアプ オラン ワジブ ムムバヤル パジャッ(ク) コンスムシ

(各々が消費税を払う義務がある)

ワンポイント 『setiap』~ごと、毎~ 『orang』人 『membayar』払う
『pajak konsumsi』消費税(pajak:税金 konsumsi:消費)

応用

●否定パターン●

「〜しなくてよい」

主語 ＋ tidak ＋ harus ＋ 動詞 ＋（目的語）

「〜する必要はない」

主語 ＋ tidak ＋ perlu ＋ 動詞 ＋（目的語）

助動詞『harus』の前に否定詞『tidak』を入れると、「主語は〜しなくてよい」、助動詞『perlu』（必要である）の前に否定詞『tidak』を入れると、「主語は〜する必要はない」という意味になります。

Saya tidak harus pergi sekarang.
サヤ　ティダッ(ク)　ハルス　プルギ　スカラン
（私は今、行かなくてもよいです）

Saya tidak perlu pergi sekarang.
サヤ　ティダッ(ク)　プルる　プルギ　スカラン
（私は今、行く必要はありません）

ワンポイント 『tidak perlu』よりも、通常『tidak usah』という表現のほうがよく使われています。

●疑問パターン●

1　平叙文の文頭に『Apa』または『Apakah』を入れるだけ！

Apa〔Apakah〕＋ 主語 ＋ harus ＋ 動詞 ＋（目的語）？

Apa〔Apakah〕Anda harus pergi sekarang?
アパ　アパカー　アンダ　ハルス　プルギ　スカラン
（あなたは今、行かなければなりませんか？）

2

Haruskah + 主語 + 動詞 + (目的語)?

Haruskah Anda pergi sekarang?
ハルスカー　アンダ　プルギ　スカラン
(あなたは今、行かなければなりませんか?)

3　平叙文のままで、文末のイントネーションを上げるだけ!

Anda harus pergi sekarang?
アンダ　ハルス　プルギ　スカラン
(あなたは今、行かなければなりませんか?)

答え方　Ya, harus.　(はい、行かなければなりません)
ヤ　ハルス

Tidak harus. (行かなくてもよいです)
ティダッ(ク)　ハルス

Tidak perlu. (行く必要はありません)
ティダッ(ク)　プルる

Tidak usah. (行く必要はありません)
ティダッ(ク)　ウサー

応用パターンで言ってみよう!　track 12

Kamu tidak perlu mengambil SIM.
カム　ティダッ(ク)　プルる　ムンガンビる　シム
君は免許を取る必要はないよ。

ワンポイント『mengambil (語根:ambil)』取る
『SIM (Surat Izin Mengemudi)』運転免許証

Apakah kita harus pesan tempat?
アパカー　キタ　ハルス　プサン　トゥンパッ(ト)
私たちは予約を取らなきゃいけないの?

ワンポイント『kita』私たち〔相手を含まない〕『pesan tempat』場所の予約をする

Apakah kita harus membuat réservasi?
アパカー　キタ　ハルス　ムムブアッ(ト)　レスルファシ
私たちは予約を取らなきゃいけないの?

ワンポイント『membuat (語根:buat)』作る　『réservasi』予約

13 ～したいです

主語 ＋ mau ＋ 動詞 ～

基本フレーズ

Saya mau pergi menonton
サヤ　マウ　プルギ　ムノントン
Tari Kécak.
タリ　ケチャック

私はケチャック・ダンスを観に行きたい。

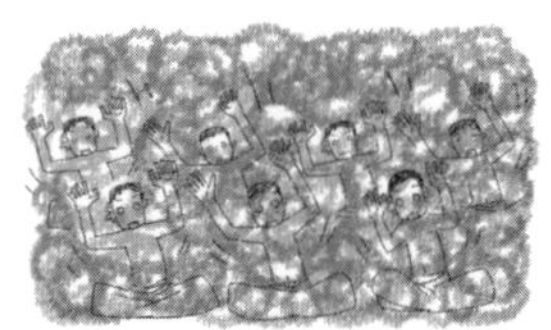

こんなときに使おう！

「何をしたい？」と聞かれて…

『Saya mau＋動詞＋（目的語）』は「私は～したい」という表現です。

『mau』は英語のwant toのように「希望、意図」を表す助動詞です。口語では『akan』（～するつもり）と同じ意味に使われるときもあります。

例文の『pergi』は「行く」、『menonton』は「観る、見る」という意味です。

移動を表す動詞『pergi』の後に動詞が続くと「～しに行く」を意味します。同様に『datang』（来る）、『pulang』（帰る）も動詞が後に続くと「～しに来る」「～しに帰る」を表します。

例　pergi makan（食べに行く）
　　pergi belanja（買い物をしに行く）
　　datang menemui（会いに来る）
　　pulang kampung untuk liburan（休みに帰省する）

●基本パターン●

主語 ＋ mau ＋ 動詞 ＋（目的語）

基本パターンで言ってみよう! track 13

Saya mau pergi belanja ke pasar.
サヤ　マウ　プルギ　ブらンジャ　ク　パサール
私は市場へ買い物をしに行きたい。
ワンポイント『belanja』買い物をする　『pasar』市場

Saya mau belajar di Indonesia.
サヤ　マウ　ブらジャル　ディ　インドネシア
私はインドネシアで学びたい〔学びます〕。
ワンポイント『belajar』勉強する、学習する

Aku mau beli oléh-oléh.
アク　マウ　ブり　オれ　オれ
僕はおみやげを買いたいんだ。
ワンポイント『beli』買う　『oléh-oléh』おみやげ

Kami mau hiking ke gunung Takao.
カミ　マウ　ハイキン　ク　グヌン　タカオ
私たちは高尾山へハイキングに行きたいです〔行く予定です〕。
ワンポイント『gunung』山

これも知っておこう!

話し手の感情によって、『mau』より強い願望を表す『ingin』を使う場合もあります。

Saya ingin studi di luar negeri.
サヤ　インギン　ストゥディ ディ　るアル　ヌグリ
（私は海外留学したいの）
ワンポイント『studi』勉強〔英語のstudy〕　『luar negeri』外国

Dia ingin bekerja di Jepang.
ディア　インギン　ブクルジャ　ディ　ジュパン
（彼は日本で働きたがっているよ）

応用

●否定パターン●

助動詞『mau』の前に、否定詞の『tidak』を入れるだけ！

主語 ＋ tidak ＋ mau ＋ 動詞 ＋（目的語）

Saya tidak mau pergi menonton Tari Kécak.
サヤ　ティダッ(ク)　マウ　プルギ　ムノントン　タリ　ケチャック
（私はケチャック・ダンスを観に行きたくありません）

●疑問パターン●

1 平叙文の文頭に『Apa』または『Apakah』を入れるだけ！

Apa〔Apakah〕＋ 主語 ＋ mau ＋ 動詞 ＋（目的語）？

Apa〔Apakah〕Anda mau pergi menonton Tari Kécak?
アパ　アパカー　アンダ　マウ　プルギ　ムノントン　タリ　ケチャック
（あなたはケチャック・ダンスを観に行きたいですか？）

2

Maukah ＋ 主語 ＋ 動詞 ＋（目的語）？

Maukah Anda pergi menonton Tari Kécak?
マウカー　アンダ　プルギ　ムノントン　タリ　ケチャック
（あなたはケチャック・ダンスを観に行きたいですか？）

3 平叙文のままで、文末のイントネーションを上げるだけ！

Anda mau pergi menonton Tari Kécak?
アンダ　マウ　プルギ　ムノントン　タリ　ケチャック
（あなたはケチャック・ダンスを観に行きたいですか？）

答え方　Ya, mau.　（はい、行きたいです）
ヤ　マウ
Tidak mau.（いいえ、行きたくありません）
ティダッ(ク)　マウ

応用パターンで言ってみよう! track 13

Orang laki-laki itu tidak mau bekerja.
オラン　らキ　らキ　イトゥ　ティダッ(ク)　マウ　ブクルジャ

その男性は働きたがらない〔働こうとしない〕。

ワンポイント『orang laki-laki』男の人　『bekerja』働く

Apakah kalian mau pergi ke Kepulauan Seribu?
アパカー　カリアン　マウ　プルギ　ク　クプらウアン　スリブ

君たちはスリブ諸島に行きたいの？

ワンポイント『kalian』君たち　『Kepulauan Seribu』ジャカルタ近郊にある、「千の島」という意味のスリブ諸島（マリンリゾート）

Dia mau ikut dengan kita?
ディア　マウ　イクッ(ト)　ドゥンガン　キタ

彼女は私たちと一緒に来たがってる？

ワンポイント『ikut』ついて行く　『dengan』～と一緒に

これも知っておこう! ①

疑問詞の『apa』（何）、『ke mana』（どこに、どこへ）、『yang mana』（どちら、どれ）と『mau』を組み合わせて、いろいろ表現できます。

Mau apa?　（何をしたい？／何がほしい？）
マウ　アパ

Mau makan apa?　（何を食べたい？）
マウ　マカン　アパ

Mau pergi ke mana?　（どこへ行きたいの？）
マウ　プルギ　ク　マナ

Mau yang mana?　（どれがほしいの？）
マウ　ヤン　マナ

これも知っておこう！ ②

「助動詞 + 動詞」で過去のことを表すとき：

インドネシア語では「過去」を表すときも助動詞の形は変わりません。過去であるかどうかは、話している状況、文脈、ニュアンスなどから判断します。

強調したいときは「過去の時や状況を表す言葉」などを文頭に入れると、過去に起きたことを表現できます。例えば『Dulu ～』（昔は～、前は～）、『Sebelumnya ～』（以前）などです。

bisa＋動詞～

● 「～できた」

（過去を表す言葉） + 主語 + bisa + 動詞 ～

Dulu saya bisa berbicara bahasa Perancis.
ドゥウる　サヤ　ビサ　ブルビチャラ　バハサ　プランチス

（昔、私はフランス語を話せました）

● 「～できなかった」〔否定〕

（過去を表す言葉） + 主語 + tidak bisa + 動詞 ～

Dulu saya tidak bisa berbicara bahasa Perancis.
ドゥウる　サヤ　ティダッ(ク)　ビサ　ブルビチャラ　バハサ　プランチス

（昔、私はフランス語を話せませんでした）

harus＋動詞～

● 「～しなければならなかった」

（過去を表す言葉） + 主語 + harus + 動詞 ～

Kemarin saya harus pergi.
クマリン　サヤ　ハルス　プルギ

（昨日、私は行かなければなりませんでした）

● 「～しなくてよかった、～する必要はなかった」〔否定〕

（過去を表す言葉） ＋ 主語 ＋ tidak harus ＋ 動詞 ～

（過去を表す言葉） ＋ 主語 ＋ tidak perlu ＋ 動詞 ～

（過去を表す言葉） ＋ 主語 ＋ tidak usah ＋ 動詞 ～

Kemarin saya tidak usah pergi.
クマリン サヤ ティダッ(ク) ウサー プルギ

（昨日、私は行く必要がありませんでした）

mau＋動詞～

● 「～したかった」

（過去を表す言葉） ＋ 主語 ＋ mau ＋ 動詞 ～

Tadinya, saya mau pergi menonton Tari Kécak.
タディニャ サヤ マウ プルギ ムノントン タリ ケチャック

（はじめは、私はケチャック・ダンスを観に行きたかった）

● 「～したくなかった」〔否定〕

（過去を表す言葉） ＋ 主語 ＋ tidak mau ＋ 動詞 ～

Tadinya, saya tidak mau pergi menonton Tari Kécak.
タディニャ サヤ ティダッ(ク) マウ プルギ ムノントン タリ ケチャック

（はじめは、私はケチャック・ダンスを観に行きたくなかった）

14 〜があります、〜を持っています

ada 〜

基本フレーズ

Di sudut jalan ada Bank.
ディ　スドゥッ(ト)　ジャラン　アダ　バンク
角に銀行があります。

こんなときに使おう！

道案内をするときに…

「存在」「所有」を表す『ada』の表現を覚えましょう。

1 「存在」を表す

ある場所に「物がある、人がいる」を表すときは『ada』を使います。『場所 +ada+ 物・人』は「ある場所に物がある、人がいる」を表します。

2 「所有」を表す

『ada』は「〜を持っている」という意味もあります。『主語〔人〕 +ada+ 物』は「主語〔人〕は物を持っている」を表します。

●基本パターン●

場所 ＋ ada ＋ 物・人　〔物・人の存在〕

Ada ＋ 物・人 ＋ 場所　〔物・人の存在〕

主語〔人〕 ＋ ada ＋ 物　〔物の所有〕

※「場所」を表す言葉の位置について。

Di sudut jalan ada Bank.　または　Ada Bank di sudut jalan.

このように『di sudut jalan』（道路の角に）は、文頭または文末に置いても文の意味は同じです。会話では、場所を強調したいときに「場所」を表す言葉を文頭に置くのが一般的です。

基本パターンで言ってみよう! track 14

● 「存在」を表す

Di depan hotél ada mini market.
ディ ドゥパン ホテる アダ ミニ マルクッ(ト)

ホテルの前にコンビニがあります。

ワンポイント 『depan』～の前

Di dekat sini ada Agén Pariwisata.
ディドゥカッ(ト) シニ アダ アゲン パリウィサタ

この近くに旅行代理店があります。

ワンポイント 『dekat』近い 『Agén』代理店 『pariwisata』旅行、観光

● 「所有」を表す

Saya ada péta. 私は地図を持っています。
サヤ アダ ペタ

ワンポイント 『péta』地図

Dia ada pacar. 彼女には彼氏がいるんだ。
ディア アダ パチャル

ワンポイント 『dia』彼、彼女 『pacar』恋人

Dia sudah ada anak. 彼には既に子供がいます。
ディア スダー アダ アナク

ワンポイント 『sudah』既に、もう 『anak』子供

これも知っておこう!

『punya』(～を持っている、～を所有する)という表現も使います。

Dia punya pacar. (彼女には彼氏がいるんだ)
ディア プニャ パチャル

Dia punya uang banyak. (彼はたくさんお金を持っているんだ)
ディア プニャ ウアン バニャッ(ク)

応用

●否定パターン●

『ada』の前に、否定詞の『tidak』を入れるだけ！

1 場所 ＋ tidak ＋ ada ＋ 物・人 〔存在〕

Tidak ＋ ada ＋ 物・人 ＋ 場所 〔存在〕

Di sudut jalan tidak ada Bank. （角に銀行はありません）
ディ スドゥッ(ト) ジャラン ティダッ(ク) アダ バンク

2 主語〔人〕 ＋ tidak ＋ ada ＋ 物 〔所有〕

Saya tidak ada péta. （私は地図を持っていません）
サヤ ティダッ(ク) アダ ペタ

●疑問パターン●

1 平叙文の文頭に『Apa』または『Apakah』を入れるだけ！

Apa〔Apakah〕 ＋ 場所 ＋ ada ＋ 物・人 ？

Apa〔Apakah〕 ＋ ada ＋ 物・人 ＋ 場所 ？

Apakah ada Bank di sudut jalan? （角に銀行はありますか？）
アパカー アダ バンク ディ スドゥッ(ト) ジャラン

2 Apa〔Apakah〕 ＋ 主語〔人〕 ＋ ada ＋ 物 ？

Apakah kamu ada péta? （君は地図を持っていますか？）
アパカー カム アダ ペタ

3 平叙文のままで、文末のイントネーションを上げるだけ！

Kamu ada péta? （君は地図を持っていますか？）
カム アダ ペタ

答え方 Ya, ada. （はい、あります／持っています）
ヤ アダ

Tidak ada.（いいえ、ありません／持っていません）
ティダッ(ク) アダ

応用パターンで言ってみよう!　track 14

Tahun ini sama sekali tidak ada salju.
タウン　イニ　サマ　スカり　ティダッ(ク) アダ　さるジュ

今年は雪が全然ない。

ワンポイント 『sama sekali』全く　『salju』雪

Malam ini saya tidak ada rencana apa-apa.
マらム　イニ　サヤ　ティダッ(ク) アダ　ルンチャナ　アパ　アパ

今夜は、私は何の予定もないよ。

ワンポイント 『rencana』予定、計画　『apa-apa』何も

Apakah di sekitar sini ada pompa bénsin?
アパカー　ディ　スキタル　シニ　アダ　ポンパ　ベンシン

このあたりにガソリンスタンドはありますか？

ワンポイント 『sekitar』周辺、あたり　『pompa bénsin』ガソリンスタンド

Di sekitar sini ada apa?
ディ　スキタル　シニ　アダ　アパ

この周辺に何かある？

これも知っておこう!

「物が～にある」「人が～にいる」という存在の場所、「人が～で…する」という動作の場所を『di＋場所』で表現します。なお、場所を表す前置詞について「基本の基本」のp17～p18を参照してください。

Réstoran Cina itu ada di sebelah Mall.
レストラン　チナ　イトゥ　アダ　ディ　スブらー　モーる

（その中華料理店はモールの隣にあります）

ワンポイント 『di sebelah』隣に、傍に

15 ～は何ですか?

～ apa?

基本フレーズ

Ini apa?
イニ　アパ
これは何ですか？

こんなときに使おう!

何かわからない物を見たときに…

『apa』は日本語の「何」にあたる疑問詞で、知りたい事や物についてたずねるときに使います。

『～ apa?』は「～は何ですか？」という表現です。『apa』の位置は文頭でも文末でもよいです。

人の名前をたずねるときは『apa』ではなく、『siapa』（誰）を用います。siapaについてはパターン17で学習します。

基本パターン

名詞 ＋ apa？

Apa ＋ 名詞 ？

基本パターンで言ってみよう! track 15

Ini masakan apa?
イニ マサカン アパ
これは何の料理ですか？

Jurusan kamu apa?
ジュルサン カム アパ
君の専攻は何？
ワンポイント『jurusan（語根：jurus)』（学問の）専攻、方向

Hari ini hari apa?
ハリ イニ ハリ アパ
今日は何曜日ですか？
ワンポイント『hari ini』今日 『hari』曜日、日

Apa hobi Anda?
アパ ホビ アンダ
あなたの趣味は何ですか？

Apa makanan kesukaan Anda?
アパ マカナン クスカアン アンダ
あなたの好きな食べ物は何？
ワンポイント『makanan』食べ物 『kesukaan（語根：suka)』好み、好きな

Apa ménu spésial hari ini?
アパ メヌ スペシアる ハリ イニ
今日の特別メニューは何ですか？

Apa pekerjaan Rudi?
アパ プクルジャアン ルディ
ルディの仕事は何？〔ルディは何をしているの？〕
ワンポイント『pekerjaan（語根：kerja)』職業、仕事
（職業を聞くときによく使います）

応用

●応用パターン1●

「何を～するのですか？」

Apa ＋ 主語 ＋ 動詞 ?

主語 ＋ 動詞 ＋ apa ?

応用パターン 1 で言ってみよう!　track 15

Apa yang kamu lakukan di hari libur?
アパ　ヤン　カム　らクカン　ディ　ハリ　りブル

君は休みの日に何をするの？

ワンポイント 『lakukan（語根：laku)』行う、する

Meréka belajar apa?
ムレカ　ブらジャル　アパ

彼らは何を勉強しているの？

これも知っておこう!

物の名前や意味などをたずねるときに使える表現です。

Kata ini artinya apa?　（この単語は、意味は何ですか？）
カタ　イニ　アルティニャ　アパ

Ikan ini namanya apa?（この魚は、名前は何ですか？）
イカン　イニ　ナマニャ　アパ

Ini bahasa Indonesianya apa?（これはインドネシア語で何と言うの？）
イニ　バハサ　インドネシア ニャ　アパ

ワンポイント 『kata』単語、言葉　『artinya』（その）意味　『namanya』（その）名前
『bahasa Indonesianya』（その）インドネシア語

●応用パターン2●

「何を～したのですか？」

Apa ＋ 主語 ＋ 動詞 ＋（過去を表す言葉）?

主語 ＋ 動詞 ＋ apa ＋（過去を表す言葉）?

過去の表現は、応用パターン１に「過去を表す言葉」を付け加えるか、文脈から過去のことかどうかを判断します。

応用パターン２で言ってみよう! track 15

Apa yang kamu lakukan kemarin?
アパ ヤン カム らクカン クマリン

君は昨日、何をしたの？

Kamu beli apa?
カム ブり アパ

君は何を買ったの？

Di universitas Anda belajar apa?
ディ ウニフェルシタス アンダ ブらジャル アパ

大学であなたは何を勉強したの？

Makan siang kamu makan apa?
マカン シアン カム マカン アパ

君は、昼食は何を食べた？

Pacarmu memberi hadiah apa di hari ulang tahunmu?
パチャルム ムムベリ ハディア アパ ディ ハリ ウらン タウン ム

君の彼氏は誕生日に何をプレゼントしてくれたの？

ワンポイント 『pacarmu』君の彼氏 『memberi（語根：beri）』あげる
『hadiah』プレゼント 『hari ulang tahun』誕生日

●応用パターン3●

「何を～していますか？」

Apa yang sedang ＋ 主語 ＋ 動詞 ？

主語 ＋ sedang ＋ 動詞 ＋ apa？

『sedang』は動作の最中であることを表す助動詞で、「～している」という進行形を表します。『apa yang sedang ～ ?』は「何を～していますか？」という意味です。

応用パターン３で言ってみよう!　track 15

Apa yang sedang Anda lakukan?
アパ　ヤン　スダン　アンダ　らクカン

あなたは何をしていますか？

Apa yang sedang dia pikirkan?
アパ　ヤン　スダン　ディア　ピキルカン

彼は何を考えているの？

ワンポイント『pikirkan（語根：pikir)』考える、思う

Kamu sedang lihat apa?
カム　スダン　りハッ(ト)　アパ

君は何を見ているの？

※パターン5で既に学んだように『sedang』の代わりに『lagi』を使うと、より会話的になります。

例　(Kamu) lagi apa?　(君は) 何をしているの？
カム　らギ　アパ

●応用パターン4●

「何を～するつもりですか？」

Apa yang akan ＋ 主語 ＋ 動詞 ＋（目的語）＋（未来を表す言葉）?

未来の表現は、「未来を表す言葉」を付け加えるか、文脈から未来のことかどうかを判断します。

応用パターン4で言ってみよう!

track 15

Apa yang akan **Anda lakukan bésok?**
アパ　ヤン　アカン　アンダ　らクカン　ベソッ(ク)

あなたは明日、何をするつもり？

Apa yang akan **kamu lakukan setelah lulus universitas?**
アパ　ヤン　アカン　カム　らクカン　ストゥらー　るるス　ウニフェルシタス

大学を卒業したら、君は何をするつもり？

ワンポイント『setelah』（～した）後、～の後　『lulus』卒業する、合格する

Apa yang akan **kamu pakai ke pésta perkawinan Rini?**
アパ　ヤン　アカン　カム　パカイ　ク　ペスタ　プルカウィナン　リニ

リニの結婚披露パーティーに、君は何を着るつもり？

ワンポイント『pakai』使う、身につける　『pésta』パーティ
『perkawinan（語根：kawin）』結婚

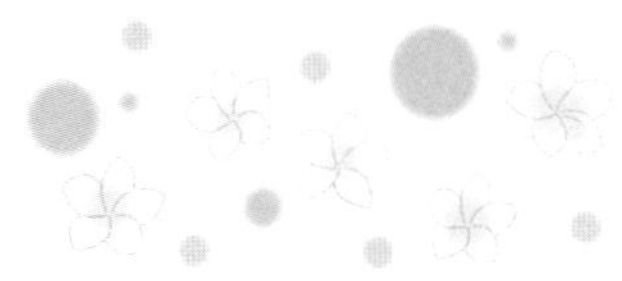

●応用パターン5●

「何を～したいですか？」

主語 + mau + 動詞 + apa？

応用パターン5で言ってみよう！ track 15

Kamu mau minum apa?
カム マウ ミヌム アパ

君は何を飲みたい？

Anda mau nonton film apa bésok?
アンダ マウ ノントン フィるム アパ ベソッ(ク)

明日、あなたは何の映画を観たい？

これも知っておこう！ ①

名詞の後ろに人称代名詞がくっ付くと、所有格となって省略されることがあります。

buku aku → bukuku（僕の本）

buku kamu → bukumu（君の本）

buku dia → bukunya（彼女／彼の本）

Apa alamat imélnya?
アパ アらマッ(ト) イメる ニャ

（彼のメールアドレスは何ですか？）

ワンポイント 『alamat』アドレス〔英語のaddress〕『-nya』彼の～

Apa maksudmu?
アパ マクスッ(ド)ム

（どういう意味？〔君の意図は何？〕）

ワンポイント 『maksud』意味、意図 『-mu』君の～
『maksudmu』君が言っている意味〔君の意図〕

これも知っておこう！ ②

『Apa』の後ろに名詞を続けることもできます。

なお、下記の例文に出てくる『yang』は英語の関係代名詞（whichやthat）にあたります。

Apa komputer yang Anda pakai?
アパ　コンピュトェル　ヤン　アンダ　パカイ
（あなたが使っているのはどのコンピュータ？）

Apa mérek kosmétik yang kamu pakai?
アパ　メルッ(ク)　コスメティッ(ク)　ヤン　カム　パカイ
（君が使っているコスメは何のブランドですか？）
ワンポイント 『mérek』ブランド　『pakai』使う

Apa warna kaos yang cocok untuk saya?
アパ　ワルナ　カオス　ヤン　チョチョ(ク) ウントゥッ(ク) サヤ
（私に似合うTシャツは何色ですか？）
ワンポイント 『warna』色　『kaos』Tシャツ　『cocok』似合う
『untuk saya』私に〔英語のfor me〕

Apa nama toko yang menjual aksésoris?
アパ　ナマ　トコ　ヤン　ムンジュアる　アクセソリス
（アクセサリーを売っている店の名前は何ですか？）
ワンポイント 『menjual（語根：jual）』売る

これも知っておこう! ③

インドシア語では、質問に対して「数字」で答える場合、その質問文では疑問詞『berapa』（いくら、いくつ）を使います。数字の言い方などは「基本の基本」p20～p21を参照してください。

●「年令、番号、人数、回数」などをたずねる

berapa umur（何歳） 〔年齢〕

Berapa umur Anda?（あなたは何歳ですか？）
ブラパ　ウムル　アンダ

－**Umur saya dua puluh tahun.**（私は20歳です）
ウムル　サヤ　ドゥア　プる　タウン

ワンポイント『umur』歳、年齢

berapa nomor（何番） 〔番号〕

Berapa nomor kamar Anda?（あなたの部屋は何番ですか？）
ブラパ　ノモル　カマル　アンダ

－**Nomor kamar saya 1230.**（私の部屋の番号は1230です）
ノモル　カマル　サヤ　サトゥ ドゥア ティガ ノる

berapa banyak（何人、何個） 〔人数、個数〕

Ada berapa banyak orang di pésta?
アダ　ブラパ　バニャッ(ク)　オラン　ディ　ペスタ
（パーティに何人いましたか？）

－**Kira-kira ada delapan puluh orang.**（約80人いました）
キラ　キラ　アダ　ドゥらパン　プる　オラン

ワンポイント『kira-kira』およそ、約　『～ orang』～人〔助数詞〕
『pésta』パーティ

Mau berapa banyak?　または　**Mau berapa?**
マウ　ブラパ　バニャッ(ク)　マウ　ブラパ
（何個ほしいですか？）

－**Saya mau lima belas buah.**（私は15個ほしいです）
サヤ　マウ　りマ　ブらス　ブアー

ワンポイント『～ buah』～個〔助数詞〕
Berapa? だけを言う場合もあります。

berapa kali（何回） 〔回数〕

Sudah berapa kali Anda ke Hawaii?
スダー ブラパ カり アンダ ク ハワイ
（あなたはハワイへもう何回行っているのですか？）

－**Mungkin sudah lebih dari 3 kali.**
ムンキン スダー るビー ダリ ティガ カり
（たぶん、もう3回以上、行っています）

ワンポイント『lebih dari ～』～以上

●「年号、日付、時刻」などをたずねる

tahun berapa（何年） 〔年号〕

Kamu lahir tahun berapa?（君は何年生まれですか？）
カム らヒール タウン ブラパ

－**Saya lahir tahun 1984.**（私は1984年生まれです）
サヤ らヒール タウン スンビらン ブらス ドゥらパン プる ウンパッ(ト)

ワンポイント『lahir』生まれる、誕生する 『tahun』年、年号、年齢

tanggal berapa（何日） 〔日付〕

Hari ini tanggal berapa?（今日は何日ですか？）
ハリ イニ タンガる ブラパ

－**Hari ini tanggal 3 Juni.**（今日は6月3日です）
ハリ イニ タンガる ティガ ジュニ

ワンポイント『tanggal』日付

jam berapa（何時） 〔時刻〕

Sekarang jam berapa?（今は何時ですか？）
スカラン ジャム ブラパ

－**Sekarang jam sebelas.**（今は11時です）
スカラン ジャム スブらス

ワンポイント『jam』時間、時刻

※berapaはたずねたい単語の後ろに置きますので、語順にご注意ください。

※時刻のたずね方は、パターン64でも学習します。

●「期間、時間の長さ」などをたずねる

berapa tahun(何年間) 〔年数〕

Berapa tahun Anda akan tinggal di Singapura?
ブラパ タウン アンダ アカン ティンガる ディ シンガプラ

（あなたはシンガポールに何年間滞在するつもりですか？）

－**Mungkin 3 tahun.**（たぶん3年間です）
ムンキン ティガ タウン

berapa jam(何時間) 〔時間数〕

Film itu lamanya berapa jam?
フィるム イトゥ らマニャ ブラパ ジャム

（あの映画は、長さは何時間なの？）

－**Katanya kira-kira 2 jam.**（約2時間だそうです）
カタニャ キラ キラ ドゥア ジャム

この他に『berapa bulan』（何ヶ月）、『berapa minggu』（何週間）、『berapa hari』（何日間）、『berapa menit（何分間）、『berapa detik』（何秒間）などの表現もあります。

●重さ、容量などをたずねる

berapa gram(何グラム) 〔重さ〕

Mau beli daging sapi berapa gram?
マウ ブり ダギング サピ ブラパ グラム

（牛肉を何グラム買いたいの？）

ワンポイント『daging（肉）＋sapi（牛）』牛肉

－**Kira-kira lima ratus gram.**（500グラムくらいです）
キラ キラ りマ ラトゥス グラム

この他に『berapa kilogram』（何キロ）、『berapa ton』（何トン）、『berapa liter』（何リットル）などの表現もあります。

●「値段、所要時間、距離」などをたずねる

berapa harga（いくら）〔値段〕

Berapa harga jam tangan ini?
ブラパ　ハルガ　ジャム　タンガン　イニ
（この腕時計はいくらですか？）

－**(Jam tangan) ini delapan ribu Yen.**
ジャム　タンガン　イニ　ドゥらパン　リブ　イェン
（（この腕時計は）8000円です）

ワンポイント 『jam tangan』腕時計　『delapan』8　『ribu』1000

berapa lama（どれくらい長く～）〔所要時間、期間〕

Makan waktu berapa lama?
マカン　ワクトゥ　ブラパ　らマ
（どれくらいかかりますか？）

－**Sekitar tiga puluh menit.**（30分くらいだよ）
スキタル　ティガ　プる　ムニッ(ト)

ワンポイント 『makan waktu』所要時間、時間を消費する
『sekitar』約、およそ

berapa jauh（どれくらい遠く～）〔距離〕

Berapa jauh (jaraknya) dari sini?
ブラパ　ジャウ　ジャラクニャ　ダリ　シニ
（ここから距離はどれくらいありますか？）

ワンポイント 『jauh』遠い

－**Jaraknya kira-kira lima belas kilometer.**
ジャラクニャ　キラ　キラ　りマ　ブらス　キろメトゥル
（その距離は15キロくらいだよ）

－**Jauhnya kira-kira lima belas kilometer.**
ジャウニャ　キラ　キラ　りマ　ブらス　キろメトゥル
（15キロくらい遠いです）

16 どれ、どちら、どの～？

Yang mana ～？

基本フレーズ

Yang mana punya Anda?
ヤン　マナ　プニャ　アンダ

どちらがあなたの？

こんなときに使おう！

2つの物を見て…

日本語の「どれ、どちら、どの」にあたるインドネシア語の疑問詞は『yang mana』です。

『mana』は「どこ、どれ」を意味する疑問詞ですが、どちらかを選択するときの「どれ、どちら」の意味で使う場合は『yang』と組み合わせて表現します。

なお、『yang mana』は文頭に置くのが一般的ですが、文末に置かれるときもあります。例文の『punya』は「～のもの、～を持っている」という意味です。

基本パターン

Yang mana ＋ 名詞 ？

名詞 ＋ yang mana ？

基本パターンで言ってみよう! track 16

Yang mana kopi Luwak?
ヤン マナ コピ るワッ(ク)
どちらがコーヒー・ルワック?
ワンポイント『kopi Luwak』インドネシア産の天然ジャコウネコ珈琲

Yang mana tunangan Anda?
ヤン マナ トナンガン アンダ
どちらがあなたの婚約者ですか?〔写真を見て〕

Yang mana pemandu wisata kita?
ヤン マナ プマンドゥ ウィサタ キタ
どちらが私たちのツアーガイドですか?
ワンポイント『pemandu』ガイド、案内人 『wisata』観光、ツアー

Pesanan saya yang mana?
プサナン サヤ ヤン マナ
どちらが私の注文品ですか?
ワンポイント『pesanan(語根:pesan)』注文したもの

Bis wisata kita yang mana?
ビス ウィサタ キタ ヤン マナ
どれが私たちの観光バス?
ワンポイント『bis』バス

これも知っておこう!

『Yang mana』の後ろに形容詞の比較級『lebih(もっと、より)+形容詞』、形容詞の最上級『paling(最も、一番)+形容詞』を持ってくることもできます。

Yang mana lebih murah?(どちらがより安いですか?)
ヤン マナ るビー ムラー

Yang mana paling mahal?(どちらがいちばん高いですか?)
ヤン マナ パリン マハる

応 用

●応用パターン1●

「どちらを～しますか？」

Yang mana ＋ 主語 ＋ 動詞 ＋（ 名詞 ）？

主語 ＋ 動詞 ＋（ 名詞 ）＋ yang mana？

応用パターン 1 で言ってみよう!　track 16

Yang mana Anda perlukan?
ヤン　マナ　アンダ　プルるカン

あなたはどちらが必要ですか？

ワンポイント『perlukan（語根：perlu)』要る、必要である

Yang mana Anda rékoméndasikan?
ヤン　マナ　アンダ　レコメンダシカン

あなたはどちらをお勧めしますか？

ワンポイント『rékoméndasi〔英語のrecommend〕＋kan』勧める

Yang mana Anda suka, sushi atau tempura?
ヤン　マナ　アンダ　スカ　スシ　アタウ　テンプラ

お寿司と天ぷら、あなたはどちらが好き？

ワンポイント『suka』好きである、好む　『atau』または〔英語のor〕

Mau yang mana?
マウ　ヤン　マナ

どれがほしいですか？

Kamu mau makan yang mana?
カム　マウ　マカン　ヤン　マナ

君はどちらを食べたい？

●応用パターン2●

「どちらを～するつもりですか？」

Yang mana akan ＋ 主語 ＋ 動詞 ＋（ 名詞 ）？

主語 ＋ akan ＋ 動詞 ＋（ 名詞 ）＋ yang mana？

応用パターン２で言ってみよう! track 16

Yang mana akan **kamu beli**?
ヤン　マナ　アカン　カム　ブリ

君はどちら〔どれ〕を買うつもり？

Yang mana akan **Anda pilih, topéng Bali atau kipas**?
ヤン　マナ　アカン　アンダ　ピリー　トペン　バリ　アタウ　キパス

バリのお面と扇子では、あなたはどちらを選ぶつもり？

ワンポイント『pilih』選ぶ　『topéng』お面　『kipas』扇子

Dia akan **pesan** yang mana**, ya**?
ディア　アカン　プサン　ヤン　マナ　ヤ

彼女はどちらを注文するつもりですかね？

これも知っておこう!

『Yang mana』の後に名詞を続けることもできます。

Yang mana **warna yang Anda suka**?
ヤン　マナ　ワルナ　ヤン　アンダ　スカ

（あなたはどちらの色が好き？）

ワンポイント『warna』色

Yang mana **tempat wisata yang Anda rékoméndasikan**?
ヤン　マナ　トゥンパッ(ト)　ウィサタ　ヤン　アンダ　レコメンダシカン

（あなたはどちらの観光名所を勧めますか？）

ワンポイント『tempat wisata』観光名所、観光スポット

17 ～は誰？

Siapa ～ ?

基本 フレーズ

Siapa dia?
シアパ　ディア
彼女は誰ですか？

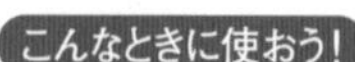

ある女性を初めて見たときに…

日本語の「誰」にあたる疑問詞は『siapa』で、『Siapa ～ ?』は「～は誰ですか？」という表現です。

「誰が～ですか？」「～は誰ですか？」とたずねる場合は『Siapa＋名詞?』と表現します。「誰の（もの）ですか？」とたずねる場合は『名詞＋siapa?』を使います。

インドネシア語では、人に名前をたずねる時は『apa（何）』ではなく『siapa』を使います。『siapa』は文頭または文末に置いてもよいです。

●基本パターン●

Siapa ＋ 名詞〔人、役職名など〕？

名詞〔人、役職名など〕＋ siapa ？

名詞〔人、物〕＋ siapa ？

基本パターンで言ってみよう!

track 17

Siapa itu? （または **Itu siapa?**）
シアパ イトゥ イトゥ シアパ

あちらはどなたですか？

Siapa penyanyi favorit Anda?
シアパ プニャニィ ファフォリッ(ト) アンダ

あなたの好きな歌手は誰ですか？

ワンポイント 『penyanyi』歌手 『favorit』好きな〔英語のfavorite〕

Siapa penanggung jawab di sini?
シアパ プナングン ジャワ(ブ) ディ シニ

ここの責任者は誰ですか？

ワンポイント 『penanggung jawab』責任者、担当者
『di sini』ここに、ここで

Ini koper siapa?
イニ コプル シアパ

このスーツケースは誰のですか？

ワンポイント 『koper』スーツケース

Ini paspor siapa?
イニ パスポル シアパ

このパスポートは誰のですか？

これも知っておこう!

名前をたずねるときは『siapa』を使います。

Siapa nama Anda? （または **Nama Anda siapa?**）
シアパ ナマ アンダ ナマ アンダ シアパ

（あなたのお名前は何ですか？）

Nama temanmu siapa?
ナマ トゥマンム シアパ

（君の友達のお名前は何ですか？）

応用

●応用パターン●

「誰が～しますか？」「誰が～しましたか？」

Siapa yang ＋ 動詞句 ？

応用パターンで言ってみよう！ track 17

Siapa yang peduli?
シアパ ヤン プドゥり

誰が気にするの？

ワンポイント『peduli』気にする、構う

Siapa yang memandu kita ke Pura Besakih?
シアパ ヤン ムマンドゥ キタ ク プラ ブサキ

誰が私たちをブサキ寺院に案内してくれるの？

ワンポイント『memandu（語根：pandu）』案内する、導く

Siapa yang sedang main gitar?
シアパ ヤン スダン マイン ギタル

誰がギターを弾いてるの？

ワンポイント『sedang』～している 『main』演奏する、遊ぶ〔英語のplay〕

Siapa yang bilang begitu?
シアパ ヤン ビらン ブギトゥウ

誰がそう言ったの？

ワンポイント『bilang』〔口語的〕話す、言う 『begitu』そのような

Siapa yang memberitahu dia?
シアパ ヤン ムムブリタウ ディア

誰が彼に話したの？

ワンポイント『memberitahu（語根：beritahu）』知らせる、報告する

Siapa yang pakai komputerku?
シアパ　ヤン　パカイ　コンプトゥルク
誰が僕のコンピュータを使ったの？

これも知っておこう!

『Dengan siapa ～ ?』で「誰と～しますか？／しましたか？／したいですか？」などの表現ができます。『dengan siapa』を文末に置くこともあります。『dengan』は前置詞で「～と、～で」という意味です。答えるときは『siapa』の部分に人の名前などを入れればよいです。

Dengan siapa Anda pergi liburan ke London?
ドゥンガン　シアパ　アンダ　プルギ　リブラン　ク　ロンドン
（あなたは誰とロンドン旅行に行くのですか？）

答え方　(Pergi) dengan kakak saya.
プルギ　ドゥンガン　カカッ(ク)　サヤ
（兄と（行きます））
ワンポイント『kakak』兄、姉

Dengan siapa Maria menikah?
ドゥンガン　シアパ　マリア　ムニカー
（マリアは誰と結婚したのですか？）

答え方　Maria menikah dengan teman kuliahnya.
マリア　ムニカー　ドゥンガン　トゥマン　クリア(ハ)ニャ
（マリアは彼女の大学の同級生と結婚しました）
ワンポイント『teman kuliah』大学の友人（同級生）

Kamu ingin bertemu dengan siapa?
カム　インギン　ブルトゥム　ドゥンガン　シアパ
（あなたは誰に会いたいですか？）

答え方　Saya ingin bertemu dengan teman saya waktu kecil.
サヤ　インギン　ブルトゥム　ドゥンガン　トゥマン　サヤ　ワクトゥ　クチる
（私は幼なじみに会いたいです）
ワンポイント『ingin』～したい
『teman waktu kecil』小さい頃の友人、幼なじみ

18 ～はいつ?

Kapan ～ ?

基本 フレーズ

Kapan ulang tahun Anda?
カパン　ウラン　タウン　アンダ
あなたの誕生日はいつですか？

こんなときに使おう!

相手の誕生日を知りたいときに…

日本語の「いつ」にあたる疑問詞は『kapan』です。『Kapan ～ ?』は「～はいつですか？」という表現です。『kapan』は文頭または文末に置いてもよいです。

『Kapan ～ ?』と聞かれたら、『tanggal ～〔日付〕』『hari ～〔曜日〕』『bulan ～〔月名〕』『tahun ～〔年号〕』などを用いて答えます。

時を表す言葉は「基本の基本」のp21～p26も参照してください。

●基本パターン●

Kapan ＋ 名詞 ?

基本パターンで言ってみよう!　track 18

Kapan hari pernikahannya?
カパン　ハリ　プルニカハン ニャ

彼女の結婚式はいつ？

ワンポイント『hari pernikahan』結婚の日

Itu kapan?
イトゥ　カパン

それはいつ？

Liburan Anda kapan?
リブラン　アンダ　カパン

あなたの休みはいつ？

ワンポイント『liburan』休み

Bis berikutnya kapan?
ビス　ブリクッ(ト)ニャ　カパン

次のバスはいつですか？

ワンポイント『bis』バス　『berikutnya』（その）次

Batas waktunya kapan?
バタス　ワクトゥニャ　カパン

締め切りはいつですか？

ワンポイント『batas waktu』締め切り、期限

応用

●応用パターン1●

「いつ～しますか？」「いつ～しましたか？」

Kapan ＋ 主語 ＋ 動詞 ＋（目的語）？

応用パターン 1 で言ってみよう!

track 18

Kapan kita rapat?
カパン キタ ラパッ(ト)

私たちはいつ打ち合わせをする？

ワンポイント『rapat』会合、会議

Kapan Anda berangkat ke Indonesia?
カパン アンダ ブランカッ(ト) ク インドネシア

あなたはいつインドネシアに出発するのですか？

ワンポイント『berangkat』出発する

Kapan kalian bertunangan?
カパン カリアン ブルトゥナンガン

あなたたちはいつ婚約したの？

ワンポイント『bertunangan（語根：tunang)』婚約が成立する

Kapan pak Suzuki kembali ke Jepang?
カパン パッ(ク) スズキ クンバリ ク ジュパン

鈴木氏はいつ日本に戻られたのですか？

ワンポイント『kembali』戻る、帰って来る
『pak』(目上の）男性への呼びかけ

●応用パターン2●

「いつ〜するつもりですか？」

Kapan ＋ 主語 ＋ akan ＋ 動詞 ＋（目的語）?

「いつ〜したいですか？」

Kapan ＋ 主語 ＋ mau ＋ 動詞 ＋（目的語）?

応用パターン２で言ってみよう!

track 18

Kapan Anda akan pergi liburan ke Kyoto?
カパン　アンダ　アカン　プルギ　りブラン　ク　キョウト

あなたはいつ京都に旅行するつもり？

Kapan kamu akan beli mobil baru?
カパン　カム　アカン　ブり　モビる　バル

君はいつ新車を買うつもり？

ワンポイント『beli』買う　『mobil』車　『baru』新しい

Kapan Anda akan berada di rumah?
カパン　アンダ　アカン　ブラダ　ディ　ルマー

あなたはいつご自宅にいらっしゃいますか？

ワンポイント『berada（語根：ada)』いる　『rumah』家

Kapan mau ke karaoke?
カパン　マウ　ク　カラオケ

いつカラオケに行きたい？

19 ～はどこ？

Di mana ～？

Di mana toilet?
ディ　マナ　トイれッ(ト)
トイレはどこですか？

こんなときに使おう！

場所をたずねるときに…

『di mana』は、場所を表す前置詞『di（～に、～で）』と『mana（どこ）』を組み合わせて、「どこに、どこで」という意味です。

「(人は) どこにいますか？」「(物は) どこにありますか？」「(人は) どこで～しますか？」とたずねるときは『Di mana ～ ?』を使います。『di mana』は文頭または文末に置いてもよいです。

『Di mana ～ ?』と聞かれたら、『Di Tokyo.（東京にあります)』や『Di lantai dua.（2階にあります)』などのように『Di＋ 場所 』で答えます。

前置詞『ke（～へ)』『dari（～から)』と組み合わせると『ke mana』『dari mana』となり、「どこへ、どこに」「どこから」という疑問詞になります。

例　Anda berasal dari mana?（あなたはどこの出身ですか？）
　　アンダ ブルアサる ダリ　マナ

●基本パターン●

Di mana ＋ 名詞〔人、物〕？

名詞〔人・物〕＋ di mana？

基本パターンで言ってみよう! track 19

Rini ada di mana?
リニ アダ ディ マナ

リニはどこにいるの？

Di mana Money Changer?
ディ マナ マニ チェンジャ

両替所はどこですか？

Di mana bagian makanan?
ディ マナ バギアン マカナン

食品売り場はどこですか？

ワンポイント 『bagian』セクション 『makanan』食品、食べ物

Di mana stasiun MRT Senayan?
ディ マナ スタシウン エム エル テ スナヤン

MRTのスナヤン駅はどこですか？

ワンポイント 『MRT（Mass Rapid Transit）』ジャカルタ都市高速鉄道

Maaf, di mana pasar seni Ubud?
マア(フ) ディ マナ パサール スニ ウブド

すみません、パサール・スニ・ウブドはどこですか？

ワンポイント 『pasar seni』芸術作品を多く売っている市場
『Ubud』バリ島で芸術村として有名な地区

応 用

●応用パターン●

どこで〔に〕～しますか？／どこで〔に〕～しましたか？

Di mana ＋ 主語 ＋ 動詞句 ?

主語 ＋ 動詞句 ＋ di mana？

応用パターンで言ってみよう!

track 19

Anda tinggal di mana?
アンダ　ティンガる　ディ　マナ

あなたはどこに住んでいますか？

Di mana dia bekerja?
ディ　マナ　ディア　ブクルジャ

彼女はどこで働いているの？

Di mana kamu ketemu dia?
ディ　マナ　カム　クトゥム　ディア

君はどこで彼女に会ったの？

Di mana Anda beli lukisan ini?
ディ　マナ　アンダ　ブり　るキサン　イニ

あなたはどこでこの絵画を買ったの？

ワンポイント 『lukisan』 絵画

 これも知っておこう！ ①

『Ke mana ～？（どこへ／どこに～？）』『Dari mana ～？（どこから～？）』と聞かれたら、『Ke＋場所』『Dari＋場所』で答えます。

また、『sini（ここ）』『situ（そこ）』『sana（あそこ）』と前置詞を組み合わせると、『di sini（ここに〔で〕）』『di situ（そこに〔で〕）』『di sana（あそこに〔で〕）』『ke sini（ここへ）』『ke situ（そこへ）』『ke sana（あそこへ）』『dari sini（ここから）』『dari situ（そこから）』『dari sana（あそこから）』などの表現もできます。

Saya ketemu dia di situ.　（私はそこで彼と会ったの）
サヤ　クトゥム　ディア ディ シトゥ

Sedang apa dia di sana?　（彼はあそこで何をしているの？）
スダン　アパ　ディア ディ　サナ

Rudi jalan-jalan ke sana.　（ルディはあそこへ散歩に行ったよ）
ルディ　ジャらン　ジャらン　ク　サナ

Saya berasal dari California.（私はカリフォルニア出身です）
サヤ　ブルアサる　ダリ　カりフォルニア

 これも知っておこう！ ②

助動詞のakan, mau, ingin, bisa, boléh, harus, perluなどと組み合わせて、いろいろな表現ができます。

Di mana saya bisa beli tikét?（どこで切符を買えますか？）
ディ　マナ　サヤ　ビサ　ブり ティケッ(ト)

Di mana saya harus ganti keréta?
ディ　マナ　サヤ　ハルス　ガンティ　クレタ

（どこで電車を乗り換えればいいですか？）

ワンポイント 『ganti』変える、換える　『keréta』電車

Di mana kita akan bertemu malam ini?
ディ　マナ　キタ　アカン　ブルトゥム　マらム　イニ

（今夜、私たちはどこで会いましょうか？）

どうして〜?

Kenapa 〜 ?

基本フレーズ

Kenapa dia terlambat?
クナパ　ディア トゥルらムバッ(ト)
どうして彼は遅刻したの？

こんなときに使おう！

理由を知りたいときに…

『Kenapa 〜 ?』は「なぜ〜？」「どうして〜？」と理由・原因・根拠をたずねるときの表現です。会話では『Kenapa?』だけでもよく使います。

『Kenapa 〜 ?』と聞かれたら、『Karena 〜』（なぜなら〜、〜だから）で答えます。

『Kenapa 〜 ?』と同じ意味で『Mengapa 〜 ?』という表現もあります。日常的に『Kenapa 〜 ?』のほうがよく使われています。

例文の『terlambat』は「遅刻する、遅れる」という意味です。

●基本パターン●

Kenapa ＋ 主語 ＋ 動詞句 ?

Mengapa ＋ 主語 ＋ 動詞句 ?

基本パターンで言ってみよう! track 20

Kenapa dia ada di rumah?
クナパ ディア アダ ディ ルマー
どうして彼女は家にいるの?

答え方 Karena dia capék.
カルナ ディア チャペッ(ク)
彼女は疲れているからだよ。

ワンポイント 『ada』いる、ある 『capék』疲れる

Kenapa dia bilang begitu?
クナパ ディア ビらン ブギトゥウ
どうして彼はそう言ったの?

答え方 Aku tidak tahu.
アク ティダッ(ク) タウ
僕はわからないよ。

Kenapa dia sedang belajar bahasa Spanyol?
クナパ ディア スダン ブらジャル バハサ スパニョる
どうして彼はスペイン語を勉強しているの?

答え方 Karena bulan depan dia akan pergi liburan ke Spanyol.
カルナ ブらン ドゥパン ディア アカン プルギ りブラン ク スパニョる
来月、彼はスペインに旅行に行くからだよ。

ワンポイント 『sedang』~している 『belajar』勉強する
『bahasa Spanyol』スペイン語

Kenapa Anda tidur begitu cepat?
クナパ アンダ ティドゥル ブギトゥウ チュパッ(ト)
どうしてあなたはそんなに早く寝るの?

答え方 Karena bésok saya harus bangun jam 5 pagi.
カルナ ベソッ(ク) サヤ ハルス バングン ジャム りマ パギ
明日の朝5時に起きなきゃいけないからだよ。

ワンポイント 『tidur』寝る 『begitu』そんなに 『cepat』早く、速く
『bangun』起きる 『lima』5 『pagi』朝

応用

●応用パターン●

「どうして～したのですか？」

Kenapa ＋ 主語 ＋ 動詞句 ＋（過去を表す言葉）?

Mengapa ＋ 主語 ＋ 動詞句 ＋（過去を表す言葉）?

「過去を表す言葉」がない場合は、文脈から過去形かどうかを判断することが多いです。

「どうして～しなかったのですか？」

Kenapa ＋ 主語 ＋ tidak ＋ 動詞句 ＋（過去を表す言葉）?

Mengapa ＋ 主語 ＋ tidak ＋ 動詞句 ＋（過去を表す言葉）?

応用パターンで言ってみよう！ track 20

Kenapa **Anda pergi ke Osaka?**
クナパ　アンダ　プルギ　ク　オサカ

どうしてあなたは大阪に行ったの？

答え方　Karena perjalanan dinas.　出張だったからだよ。
カルナ　プルジャらナン　ディナス

ワンポイント『perjalanan dinas』出張（perjalanan：旅行　dinas：仕事で）

Kenapa **kamu menélépon dia?**
クナパ　カム　ムネれポン　ディア

どうして君は彼女に電話したの？

答え方　Karena kemarin dia ulang tahun.
カルナ　クマリン　ディア　ウらン　タウン

昨日、彼女の誕生日だったから。

ワンポイント『(hari) ulang tahun』誕生（日）

Kenapa kamu tidak mengajak dia?
クナパ　カム　ティダッ(ク)　ムンガジャ(ク)　ディア

どうして君は彼を誘わなかったの？

答え方　Karena kelihatannya dia sibuk.
カルナ　クリハタンニャ　ディア　シブッ(ク)

彼が忙しそうに見えたから。

ワンポイント『mengajak（語根：ajak）』誘う
『kelihatannya（語根：lihat）』〜に見える　『sibuk』忙しい

これも知っておこう！①

助動詞のakan, mau, ingin, bisa, boléh, harus, perluなどと組み合わせて、いろいろな表現ができます。

Kenapa Anda akan berhenti kerja?
クナパ　アンダ　アカン　ブルフンティ　クルジャ

（どうしてあなたは仕事を辞めるのですか？）

答え方　Karena meréka sama sekali tidak membayar gaji.
カルナ　ムレカ　サマ　スカリ ティダッ(ク)　ムムバヤル　ガジ

（だって彼らが給料を全然支払ってくれないんだよ）

ワンポイント『berhenti（語根：henti）』辞める、止まる　『kerja』仕事
『sama sekali』全く『membayar』払う『gaji』給料

Mengapa Anda ingin bekerja di perusahaan ABC?
ムンガパ　アンダ　インギン　ブクルジャ　ディ　プルサハアン　アベチェ

（どうしてあなたはABC社で働きたいの？）

答え方　Karena saya suka budaya perusahaannya.
カルナ　サヤ　スカ　ブダヤ　プルサハアン ニャ

（ABC社の社風が好きだからだよ）

ワンポイント『budaya perusahaannya』（その）社風、（その）企業体質

これも知っておこう！②

「どうしてダメなの？」「どうしてできるの？」などを短く『Kenapa tidak boléh?』『Kenapa bisa?』で表現できます。

21 ～はどう？

Bagaimana ～ ?

基本 フレーズ

Bagaimana pekerjaan Anda?
バガイマナ　プクルジャアン　アンダ

仕事はどう？

こんなときに使おう！

相手の仕事の様子を聞きたいときに…

『bagaimana』は日本語の「どう」「どのように」「いかが」「どうやって」などにあたる疑問詞です。

『Bagaimana ～ ?』は「～はどうですか？」「～はいかがですか？」と物事の様子・状態をたずねたり、「どうやって～しますか？」と手段・方法などをたずねるときに使う表現です。

『Bagaimana ～ ?』に対して、いろいろな答え方ができます。各フレーズの答え方の例を一緒にご紹介しておきます。

例文の『pekerjaan』は「仕事、職業」という意味です。

●基本パターン●

Bagaimana ＋ 名詞 ?

基本パターンで言ってみよう!

track 21

Bagaimana cuaca hari ini?
バガイマナ チュアチャ ハリ イニ

今日、天気はどう？

答え方 Cuaca cerah. 晴れてるよ。
チュアチャ チュラー

Cuaca mendung. 曇っているよ。
チュアチャ ムンドゥン

Hujan turun. 雨が降っているよ。
フジャン トゥルン

ワンポイント『cerah』晴れ 『mendung』曇り 『hujan』雨 『turun』降る

Bagaimana sekolah? 学校はどう？
バガイマナ スコらー

答え方 Menyenangkan. 楽しいよ。
ムニュナンカン

ワンポイント『menyenangkan（語根：senang)』楽しい

Bagaimana rasanya masakan Indonesia?
バガイマナ ラサニヤ マサカン インドネシア

インドネシア料理の味はいかがですか？

答え方 Rasanya énak sekali. 味がとてもおいしいです。
ラサニャ エナッ(ク) スカり

Saya suka sekali. 私は大好きです〔私はとても好きです〕。
サヤ スカ スカり

Bagaimana bahasa Indonesia?
バガイマナ バハサ インドネシア

インドネシア語はどうですか？

答え方 Menarik, tetapi kosakatanya sulit diingat.
ムナリッ(ク) トゥタピ コサカタ ニャ スりッ(ト)ディインガッ(ト)

おもしろいですが、単語が覚えにくいです。

ワンポイント『menarik（語根：tarik)』おもしろい、魅力的
『tetapi』しかし〔英語のbut〕『kosakata』語彙
『sulit』難しい 『diingat（語根：ingat)』覚えられる

応 用

●応用パターン●

「どのように〔どうやって〕～するのですか？」
「どのように〔どうやって〕～したのですか？」

Bagaimana ＋ 主語 ＋ 動詞句 ?

「どのような方法〔手段〕で～しますか？」

Bagaimana cara ＋ 動詞句 ?

応用パターンで言ってみよう！ track 21

Bagaimana mengéja nama Anda?
バガイマナ ムンゲジャ ナマ アンダ

あなたの名前はどうつづりますか？

答え方 M-A-K-I.
エムアーカーイー

M（エム）・A（エー）・K（ケー）・I（アイ）です。

ワンポイント『mengéja（語根：éja)』つづり字を読む

Bagaimana Anda merasakan kehidupan di Jepang?
バガイマナ アンダ ムラサカン クヒドゥパン ディ ジュパン

あなたは日本での生活をどう思いますか？

答え方 Saya sangat menyukainya.
サヤ サンガッ(ト) ムニュカイニャ

とても気に入っています。

ワンポイント『merasakan（語根：rasa)』思う、実感する
『kehidupan（語根：hidup)』生活『sangat』とても
『menyukai（語根：suka)』好きである

Bagaimana Anda menghabiskan liburan?
バガイマナ　アンダ　ムンハビスカン　りブラン

あなたは休日をどのように過ごしますか？

答え方　Biasanya dengan bersantai di rumah.
ビアサニャ　ドゥンガン　ブルサンタイ　ディ　ルマー

普段は、家でくつろいでいます。

ワンポイント『menghabiskan（語根：habis）』過ごす、費やす
『biasanya』普段は　『bersantai（語根：santai）』くつろぐ

Bagaimana kalian saling kenal?
バガイマナ　カりアン　サりン　クナる

あなたたちはどうやって知り合ったのですか？

答え方　Kami berkenalan di pésta pernikahan teman.
カミ　ブルクナらン　ディ　ペスタ　プルニカハン　トゥマン

私たちは友人の結婚パーティで会ったんだ。

ワンポイント『kalian』あなたたち　『saling』お互いに　『kenal』知り合う
『berkenalan（語根：kenal）』知り合う　『pernikahan』結婚
『teman』友人

Bagaimana cara membeli tikét Shinkansen?
バガイマナ　チャラ　ムムブり　ティケッ(ト)　シンカンセン

新幹線のチケットをどうやって買いますか？

答え方　Dengan membeli langsung di stasiun atau secara online.
ドゥンガン　ムムブり　らンスン　ディ　スタシウン　アタウ　スチャラ　オンらイン

駅で直接買うか、オンラインで買うかという方法です。

ワンポイント『membeli』買う　『langsung』直接　『secara』～方法で

Dari sini, bagaimana cara pergi ke Harajuku?
ダり　シニ　バガイマナ　チャラ　プルギ　ク　ハラジュク

ここから、原宿にどうやって行くのですか？

答え方　Dengan cara naik JR Yamanote line.
ドゥンガン　チャラ　ナイク　ジェーアル　ヤマノテ　ライン

JR山手線に乗って行くという方法です。

ワンポイント『dengan』～で〔手段、方法〕『cara』方法　『naik』乗る

これも知っておこう!

「お元気ですか？」の表現と答え方

Apa kabar?
アパ　カバル

（お元気ですか？）

ワンポイント『Bagaimana kabarnya?』よりも、決まり文句のあいさつとして最も一般的に使われている表現です。『kabar』**お便り**

Bagaimana kabarnya?
バガイマナ　カバルニャ

（お元気ですか？）

Bagaimana kabar keluarga Anda?
バガイマナ　カバル　クるアルカ　アンダ

（あなたのご家族は元気？）

答え方　Semuanya baik-baik saja.
スムアニャ　バイク　バイク　サジャ

（皆、元気です）

ワンポイント『keluarga』**家族**　『semuanya』**みんな、全員**

Bagaimana kabar isteri Anda?
バガイマナ　カバル　イストゥリ　アンダ

（あなたの奥さんは元気？）

答え方　Dia baik-baik saja.
ディア　バイク　バイク　サジャ

（彼女は元気ですよ）

ワンポイント『isteri』**妻**

Bagaimana Anda?
バガイマナ　アンダ

（あなたはどう？）

＜答え方の例＞

Kabar baik.
カバル　バイク
（元気です）
ワンポイント『baik』良い、元気な、順調な

Baik-baik saja, terima kasih.
バイク　バイク　サジャ　トゥリマ　カシー
（いたって元気です、ありがとう）
ワンポイント『terima kasih』ありがとう

Biasa-biasa saja.
ビアサ　ビアサ　サジャ
（私は相変わらずです〔普通です〕）

Saya masuk angin dan kurang énak badan.
サヤ　マスッ(ク)　アンギン　ダン　クラン　エナッ(ク)　バダン
（風邪を引いていて、あまり気分が良くないよ）
ワンポイント『masuk angin』風邪を引く
『kurang énak badan』具合が良くない、体調が良くない

使える！頻出パターン51

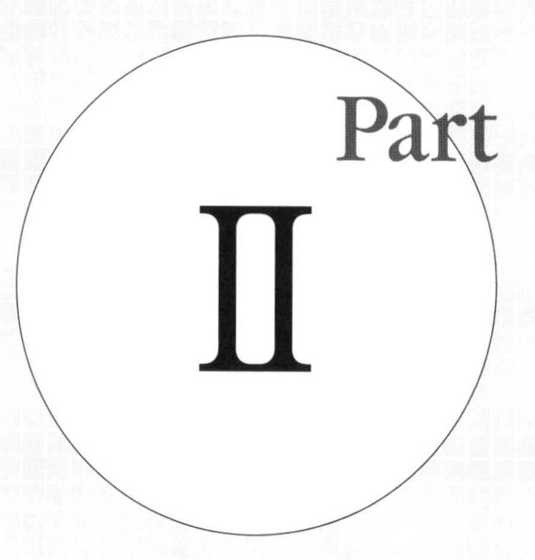

22 ～がほしいです

主語 ＋ mau ～

基本フレーズ

Saya mau air putih.
サヤ　マウ　アイル プティー
お水をいただきたいのですが。

こんなときに使おう！

レストランなどでお水がほしいときに…

『Saya mau ～』は「私は～がほしい」「私は～をもらいたい」という表現です。『mau ～』は英語の『want ～』にあたります。パターン13で学習した『mau ～』（～したいです）も助動詞の『mau』で表現しています（英語の『want to ～』）。

つまり、インドネシア語では「～がほしいです」も「～したいです」も『mau』で表現できます。ただし、このパターン22の『mau』の後ろには〈名詞〉がきます。

例文の『air putih』は「飲料水」という意味で、『Aqua（アクア）』と言っても通じます。

インドネシア語には動詞などに敬語表現がなく、日本語のような尊敬語や謙譲語もありません。優しいイントネーションと控えめの声で話すことで、丁寧な言葉遣いになります。丁寧に話したい場合は、聞き手に対する呼びかけの敬称や人称代名詞の使い方で相手への敬意を表したりします。

基本パターン

主語 ＋ mau ＋ 名詞

基本パターンで言ってみよう!　track 22

Saya mau segelas anggur.
サヤ　マウ　スグラス　アングル

ワインを1杯いただきたいのですが。

ワンポイント 『segelas』グラス1杯の　『anggur』ワイン、ぶどう

Saya mau roti kéju.
サヤ　マウ　ロティ　ケジュ

チーズパンがほしいです。

ワンポイント 『roti』パン　『kéju』チーズ

Saya mau ikan.
サヤ　マウ　イカン

私は魚がいいです。

ワンポイント 『ikan』魚

Saya mau kursi di lorong.
サヤ　マウ　クルシ　ディ　ろロン

私は通路側の席がいいです。

ワンポイント 『kursi』席、いす　『lorong』通路

Dia mau baju baru.
ディア　マウ　バジュ　バル

彼女は新しい服をほしがっている。

ワンポイント 『dia』彼、彼女　『baju』服、洋服　『baru』新しい

Mau ini?
マウ　イニ

これ、ほしい？

23 ～してみて

Coba ～

基本フレーズ

Coba cicip sup ini.
チョバ　チチプ　スップ　イニ

このスープを味見してみて。

こんなときに使おう!

作った料理を相手にすすめるときに…

『Coba＋動詞』は「（ちょっと）～してみて」という表現です。人に何かを試すようにすすめるときに使います。

例文の『coba』は「試す」、『cicip』は「味見する」という意味です。

●基本パターン●

Coba ＋ 動詞

基本パターンで言ってみよう!　track 23

Coba pakai keméja ini.
チョバ　パカイ　クメジャ　イニ

このシャツを着てみて。

ワンポイント『pakai』使う、身につける、着る　『keméja』シャツ

Coba minum jus alpukat ini.
チョバ　ミヌム　ジュス アるプカッ(ト) イニ

このアボカドジュースを飲んでみて。

ワンポイント『minum』飲む　『jus』ジュース　『alpukat』アボカド

Coba makan ini, mungkin kamu suka.
チョバ　マカン　イニ　ムンキン　カム　スカ

これを食べてみて、君が好きかもしれないよ。

ワンポイント『makan』食べる　『mungkin』たぶん　『suka』好む

これも知っておこう!

①『主語＋mau coba＋名詞』「主語は（物）を試したい」

Saya mau coba kebaya ini.（私はこのクバヤを試着したいです）
サヤ　マウ　チョバ　クバヤ　イニ

ワンポイント『kebaya』インドネシアの伝統的な女性用の正装ブラウス。

Saya mau coba nasi Padang.（私はナシ・パダンを試食したい）
サヤ　マウ　チョバ　ナシ　パダン

ワンポイント『nasi Padang』ご飯もので、西スマトラ州各地の料理の総称。

②『主語＋mau coba＋動詞』「主語は（動作）をしてみたい」

Saya mau coba belajar gitar.
サヤ　マウ　チョバ　ブらジャル　ギタル

（私はギターを習ってみたいです）

ワンポイント『belajar』教わる、習う、勉強する

～はいかがですか?

Apakah Anda mau ～ ?

基本フレーズ

Apakah Anda mau minuman?
アパカー　アンダ　マウ　ミヌマン

お飲み物はいかがですか？

こんなときに使おう!

レストランなどで飲み物をすすめるときに…

『Apakah Anda mau ～ ?』（～はいかがですか？）は、「～がほしいですか？」の丁寧バージョンで、何かをすすめるときや要望を聞くときに使います。

『～』には〈名詞〉がきます。例文の『minuman』は「飲み物」という意味です。

『Apakah Anda mau ～ ?』と聞かれたら、『Ya, tolong.』（はい、お願いします）や『Tidak, terima kasih.』（いいえ、結構です）などと答えます。

●基本パターン●

Apakah Anda mau ＋ 名詞 ？

基本パターンで言ってみよう! track 24

Apakah Anda mau kopi?
アパカー アンダ マウ コピ

コーヒーはいかがですか？

ワンポイント 『kopi』コーヒー

Apakah Anda mau tambah rotinya?
アパカー アンダ マウ タムバー ロティニャ

パンのおかわりはいかがですか？

ワンポイント 『tambah』追加、おかわり 『roti＋nya』（その）パン

Apakah Anda mau sampel?
アパカー アンダ マウ サムプる

サンプルはいかがですか？

Apakah Anda mau makanan pembuka?
アパカー アンダ マウ マカナン プムブカ

前菜はいかがですか？

ワンポイント 『makanan（食べ物）＋pembuka（開けるもの）』前菜

Apakah Anda mau makanan penutup?
アパカー アンダ マウ マカナン プヌトゥプ

デザートはいかがですか？

ワンポイント 『makanan（食べ物）＋penutup（閉めるもの）』デザート

～はどう?

Bagaimana kalau ～ ?

基本フレーズ

Bagaimana kalau makanan Jepang?
バガイマナ　カらウ　マカナン　ジュパン

日本食はどう？

こんなときに使おう!

何を食べるかを決めるときに…

『Bagaimana kalau ～ ?』は、「～はどう？」「～するのはどうですか？」と何かを提案するときや、相手の意向・感触を聞きながら勧誘するときに使う表現です。

『～』には〈名詞〉か〈動詞句〉がきます。物を提案するときには〈名詞〉、動作を提案するときには〈動詞句〉になります。

『Bagaimana kalau ～ ?』と聞かれたら、『Ya, tentu.』（はい、ぜひ）、『Itu ide bagus.』（いい案だね）、『Oké.』（いいよ）、『Lebih baik tidak.』（やめておきます）などと答えましょう。

基本パターン

Bagaimana kalau ＋ 名詞 ?

Bagaimana kalau ＋ 動詞句 ?

基本パターンで言ってみよう!　track 25

Bagaimana kalau hari Saptu?
バガイマナ　カラウ　ハリ　サプトゥ

土曜日はどう？

Bagaimana kalau jam 2 siang?
バガイマナ　カラウ　ジャムドゥア　シアン

午後2時はどう？

ワンポイント 『jam』～時　『dua』2　『siang』昼の時間帯

Bagaimana kalau yang biru ini?
バガイマナ　カラウ　ヤン　ビル　イニ

この青いのはどう？

ワンポイント 『yang』～の（もの）　『biru』青い

Bagaimana kalau pergi nonton?
バガイマナ　カラウ　プルギ　ノントン

映画を観に行くのはどう？

ワンポイント 『pergi』行く　『nonton』（映画、コンサートなど）を観る

Bagaimana kalau pergi ke réstoran masakan Italia?
バガイマナ　カラウ　プルギ　ク　レストラン　マサカン　イタリア

イタリア料理レストランに行くのはどう？

これも知っておこう!

「～はどうなの？」「～についてどうするの？」と意見を聞くときや指摘するときに『Bagaimana dengan ～ ?』を使います。

Bagaimana dengan Anda?（あなたはどう？）
バガイマナ　ドゥンガン　アンダ

Bagaimana dengan rencana liburan kita?
バガイマナ　ドゥンガン　ルンチャナ　リブラン　キタ

（私たちの旅行計画についてどうするの？）

26 ～したらどう？

Kenapa Anda tidak ～？

基本フレーズ

Kenapa Anda tidak mencoba sashimi?
クナパ　アンダ　ティダッ(ク)　ムンチョバ　サシミ

刺身を食べてみたら？

こんなときに使おう！

まだ刺身を食べたことがない人に…

『Kenapa Anda tidak ～ ?』は、「あなたは～したらどう？」と相手に何かを促すときの表現です。何かアドバイスするときなどに使います。『Kenapa』を『Mengapa』に替えても同じ意味です。

『Kenapa Anda tidak ～ ?』と聞かれたら、『Ya, tentu.』（はい、ぜひ）、『Lebih baik tidak.』（やめておきます）などと答えましょう。

例文の『mencoba』は「試す、やってみる」という意味です。

基本パターン

Kenapa Anda tidak ＋ 動詞句 ？

Mengapa Anda tidak ＋ 動詞句 ？

基本パターンで言ってみよう!

track 26

Kenapa Anda tidak memakai ini?
クナパ　アンダ　ティダッ(ク)　ムマカイ　イニ

これを使ってみたら？

ワンポイント 『memakai（語根：pakai）』使う

Kenapa Anda tidak membaca buku ini?
クナパ　アンダ　ティダッ(ク)　ムムバチャ　ブク　イニ

この本を読んだら？

ワンポイント 『membaca（語根：baca）』読む　『buku』本

Kenapa Anda tidak coba kaos ini?
クナパ　アンダ　ティダッ(ク)　チョバ　カオス　イニ

このTシャツを試着してみたら？

ワンポイント 『kaos』Tシャツ

Mengapa Anda tidak mengambil libur beberapa hari?
ムンガパ　アンダ　ティダッ(ク)　ムンガムビる　りブル　ブブラパ　ハリ

2～3日、休みを取ったら？

ワンポイント 『mengambil（語根：ambil）』取る　『beberapa hari』数日間

これも知っておこう!

『Kenapa kita tidak ～？』で「～しませんか？」と誘う表現になります。『kita』は「私たち」という意味で、相手も含みます。

Kenapa kita tidak pergi ke Hakone?（箱根に行きませんか？）
クナパ　キタ　ティダッ(ク)　プルギ　ク　ハコネ

Kenapa kita tidak istirahat?（休憩しませんか？）
クナパ　キタ　ティダッ(ク)　イスティラハッ(ト)

ワンポイント 『istirahat』休憩

27 ～しよう、～しましょう

Ayo kita ～

基本フレーズ

Ayo kita pergi belanja.
アヨ　キタ　プルギ　ブランジャ
買い物に行こうよ。

こんなときに使おう！

一緒に行こうと誘うときに…

『Ayo kita ～』は「さあ～しましょう」と相手に一緒に行動するよう促すときや、誘うときに使う表現です。英語のLet us (Let's) ～ にあたります。『kita』は「私たち」という意味で、相手も含みます。

相手の意向が不明な場合は『Mari kita ～』(一緒に～しませんか、一緒に～しましょう) もよく使われています。

●基本パターン●

Ayo kita ＋ 動詞句

Mari kita ＋ 動詞句

基本パターンで言ってみよう! track 27

Ayo kita pergi nonton.
アヨ　キタ　プルギ　ノントン

映画を観に行こう。

Ayo kita mengobrol di Café.
アヨ　キタ　ムンゴブロる　ディ　カフェ

カフェでおしゃべりしようよ。

ワンポイント『mengobrol（語根：obrol)』おしゃべりする

Mari kita ketemu di depan Bank ABC.
マリ　キタ　クトゥム　ディ　ドゥパン　バンク　アベチェ

ABC銀行の前で会いましょう。

ワンポイント『ketemu』会う　『di depan』～前に、～前で

Mari kita berkumpul setahun sekali.
マリ　キタ　ブルクムプる　スタウン　スカり

年に一度は集まりませんか。

ワンポイント『berkumpul（語根：kumpul)』集まる
『setahun（＝satu tahun)』１年　『sekali』一度、一回

これも知っておこう!

「さあ～しよう」と、よりカジュアルに言うときは『動詞＋yuk』を使います。

Makan yuk!　（さあ食べよう！）
マカン　ユッ(ク)

Pergi jalan yuk!（さあ出かけよう！）
プルギ　ジャらン　ユッ(ク)

28 ～と思うよ

主語 ＋ kira ～

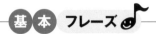

基本フレーズ

Saya kira ini murah.
サヤ キラ イニ ムラー
私はこれが安いと思います。

こんなときに使おう！

品物の値段について感想を聞かれたときに…

『Saya kira ～』は「私は～と思います」という表現で、自分の意見を言うときに使います。『kira』は「推測」という意味で「思う」の意味に近いです。

文章のニュアンスによっては『Saya pikir ～』という表現もよく使われます。『pikir』は「考える」という意味です。

例文の『murah』は「(値段が) 安い」という意味です。

●基本パターン●

Saya kira ＋ 主語 ＋ 述語

Saya pikir ＋ 主語 ＋ 述語

基本パターンで言ってみよう!　track 28

Saya kira dia sudah tahu hal itu.
サヤ　キラ　ディア　スダー　タウ　ハる　イトゥ

私は、彼はそのことを知っていると思うよ。

ワンポイント『tahu』知っている　『hal itu』そのこと

Saya kira séwa rumah itu tidak begitu mahal.
サヤ　キラ　セワ　ルマー　イトゥ ティダッ(ク)　ブギトゥウ　マハる

私は、その家の家賃はそれほど高くないと思います。

ワンポイント『séwa』借りる　『rumah』家
『tidak begitu』それほど～ではない　『mahal』高い〔値段〕

Saya pikir itu ide yang bagus.
サヤ　ピキル　イトゥ イドゥ　ヤン　バグス

私は、それは良い案だと思うよ。

ワンポイント『itu』それ　『ide』案、考え、アイディア
『bagus』良い

Aku pikir aku bisa.
アク　ピキル　アク　ビサ

僕はできると思います。

ワンポイント『aku』僕、俺、あたし

Aku juga pikir begitu.
アク　ジュガ　ピキル　ブギトゥウ

僕もそう思うよ。

ワンポイント『juga』～も〔英語のalso〕　『begitu』そのように

これも知っておこう! ①

「私は～と思いません」は、述語の部分を否定形にして、『Saya kira＋ 主語 ＋tidak ～』または『Saya pikir＋ 主語 ＋tidak ～』となります。

Saya kira itu tidak akan berhasil.
サヤ キラ イトゥ ティダッ(ク) アカン ブルハシる
（私は、それがうまく行くとは思わない）
ワンポイント『itu』それ 『berhasil』成功する

Aku pikir dia tidak bohong.
アク ピキル ディア ティダッ(ク) ボホン
（僕は、彼が嘘をついているとは思わないよ）
ワンポイント『bohong』嘘をつく

なお、名詞を否定する場合は、『tidak』ではなく『bukan』を使って『Saya kira＋ 主語 ＋bukan ～』または『Saya pikir＋ 主語 ＋bukan ～』となります。

Saya pikir itu bukan ide yang bagus.
サヤ ピキル イトゥ ブカン イドゥ ヤン バグス
（私は、それは良い案とは思いません）

これも知っておこう! ②

「私は～と確信する」は『Saya yakin ～』で表現します。

Saya yakin, adikmu pasti lulus ujian masuk universitas.
サヤ ヤキン アディッ(ク)ム パスティ るるス ウジアン マスッ(ク) ウニフェルシタス
（私は、君の弟が大学入試に必ず合格すると確信する）

ワンポイント 『adikmu』君の弟 『lulus』合格する、受かる
『ujian masuk』入試 『universitas』大学

Kami yakin seratus persén!
カミ ヤキン スラトゥス プルセン
（私たちは100パーセント確信しています！）

ワンポイント 『kami』私たち〔相手を含まない〕『seratus』100

「私は～と確信していません」と否定するときは、『Saya tidak yakin ～』となります。

Saya tidak yakin tim Jepang akan memenangkan turnamén ini.
サヤ ティダッ(ク) ヤキン ティム ジュパン アカン ムムナンカン トゥルナメン イニ
（私は、日本のチームがこのトーナメントに優勝するとは確信していない）

ワンポイント 『Jepang』日本 『memenangkan（語根：menang)』優勝する、勝つ

～だといいね

Saya harap ～

Saya harap Anda menyukainya.
サヤ　ハラプ　アンダ　ムニュカイニャ

気に入ってもらえるといいのですが。

こんなときに使おう!

友達にプレゼントを渡すときに…

『Saya harap＋ 主語 ＋ 述語 』は、「私は、 主語 が～であればいいと思う」「私は、 主語 が～になってほしいです」と希望を表すときの表現です。

『harap』は「希望する、望む」という意味の動詞です。自分の願望を表すだけでなく、相手を気遣うときにも使います。

例文の『menyukai（語根:suka）＋nya』は「（この物）を気に入る、好む」という意味です。

●基本パターン●

Saya harap ＋ 主語 ＋ 述語

基本パターンで言ってみよう! track 29

Saya harap begitu.
サヤ ハラプ ブギトゥウ
そうだといいけど。

ワンポイント『begitu』そのように

Saya harap Anda berhasil.
サヤ ハラプ アンダ ブルハシる
（あなたが）成功するといいね。

ワンポイント『berhasil』成功する

Saya harap kamu cepat sembuh.
サヤ ハラプ カム チュパッ(ト) スムブー
早く良くなるといいね。

ワンポイント『kamu』君 『cepat』早く、すぐに 『sembuh』治る

Saya harap saya bisa lulus ujian.
サヤ ハラプ サヤ ビサ るるス ウジアン
私は試験に受かることを願っている。

Saya harap Bapak bisa menikmati masa tinggal di Indonesia.
サヤ ハラプ バパッ(ク) ビサ ムニッ(ク)マティ マサ ティンガる ディ インドネシア
あなたがインドネシアでの滞在を楽しめるといいですね。

ワンポイント『Bapak ～』目上の人〔男性〕に対して尊敬を表す。『menikmati（語根：nikmat)』楽しむ、享受する 『masa tinggal』滞在期間

これも知っておこう! ①

『saya』（私）を『aku』（僕、俺、あたし）に替えるとカジュアルな表現になります。

Aku harap kita bisa ketemu lagi.（また会えるといいね）
アク ハラプ キタ ビサ クトゥム らギ

ワンポイント『kita』私たち〔相手を含む〕『ketemu』会う 『lagi』再び

Aku harap bésok tidak hujan.（明日、雨が降らなきゃいいけど）
アク ハラプ ベソッ(ク) ティダッ(ク) フジャン

ワンポイント『bésok』明日 『tidak』～ない 『hujan』雨

これも知っておこう！ ②

インドネシア語では「希望」（＝harapan）を表す言葉がいくつかあります。『harap』の他に、少しニュアンスの違う表現もあります。

『Semoga ～』や『Mudah-mudahan ～』という丁寧な表現も日常的によく使われます。

● 『Semoga ～』（～を望む、～を祈る）

Semoga berhasil!
スモガ　ブルハシる
（成功を祈ります！）

Semoga Ibu Nining segera sembuh.
スモガ　イブ　ニニング　スグラ　スムブー
（ニニング夫人が早く治りますように）

ワンポイント 『Ibu ～』目上の人〔女性〕に対して尊敬を表す。
『segera』早く、すぐに　『sembuh』治る

Semoga cita-cita kamu tercapai!
スモガ　チタ　チタ　カム　トゥルチャパイ
（君の夢が叶えられますように！）

ワンポイント 『cita-cita』夢、目標　『tercapai』達成される、叶う

● 『Mudah-mudahan ～』（～であるように願う、祈る）

Mudah-mudahan Pak Suzuki tiba dengan selamat di Jepang.
ムダー　ムダハン　パッ(ク)　スズキ　ティバ　ドゥンガン　スらマッ(ト)　ディ　ジュパン
（鈴木さんが無事に日本に着きますように）

ワンポイント 『Pak』～さん〔(目上の) 男性への呼びかけ〕『tiba』到着する
『dengan selamat』無事に、安全に

Mudah-mudahan dia masih punya nomor HP dan alamat saya.
ムダー　ムダハン　ディア　マシー　プニャ　ノモル　ハペ　ダン　アらマッ(ト)　サヤ
（彼が、私の携帯番号と住所をまだ持っていればいいのですが）

ワンポイント 『punya』持つ　『nomor』番号　『alamat』住所

これも知っておこう! ③

『Harap ～』は下記のような注意喚起にも使います。

Harap maklum.
ハラプ マッ(ク)るム
（ご了承願います）

Harap tenang.
ハラプ トゥナン
（お静かに願います）

Harap sabar menunggu.
ハラプ サバール ムヌング
（しばらくお待ちください）

ワンポイント 『sabar』辛抱よく、我慢強い

30 前は～だったよ

Dulu ～

基本 フレーズ

Dulu kami memelihara kucing.
ドゥウる　カミ　ムムりハラ　クチン

私たちは、前にネコを飼っていたよ。

こんなときに使おう！

ペットの話題になったときに…

『Dulu + 主語 + 述語』は「(以前、前に) 主語は～だった」という表現です。「今は違うけれど、前は～だった」と言いたいときに使います。主語を文頭に置くこともできます。

例文の『kami』は「私たち」〔相手を含まない〕、『memelihara (語根 : pelihara)』は「飼う」、『kucing』は「ネコ」という意味です。

基本パターン

Dulu ＋ 主語 ＋ 述語

主語 ＋ dulu ＋ 述語

基本パターンで言ってみよう!　track 30

Dulu saya suka bésbol.
ドゥウる　サヤ　スカ　ベスボる

私は、前は野球が好きでしたよ。

ワンポイント『suka』好む　『bésbol』野球

Dulu saya main ténis.
ドゥウる　サヤ　マイン　テニス

私は、前はテニスをしていたよ。

Dulu aku tinggal dengan kakak perempuanku di Yokohama.
ドゥウる　アク　ティンガる　ドゥンガン　カカッ(ク)　プルムプアン ク　ディ　ヨコハマ

僕は、前は姉と横浜に住んでいた。

ワンポイント『aku』僕、あたし　『tinggal』住む
『kakak perempuanku』僕の姉

Dulu suami saya bekerja di Bank.
ドゥウる　スアミ　サヤ　ブクルジャ　ディ　バンク

私の夫は前に銀行に勤めていたの。

ワンポイント『suami』夫　『bekerja』働く

Dia dulu atasan saya.
ディア　ドゥウる　アタサン　サヤ

彼は以前、私の上司でした。

ワンポイント『atasan（語根：atas)』上司

Saya dulu mengikuti kursus di sekolah percakapan bahasa Inggris.
サヤ　ドゥウる　ムンギクティ　クルスッ(ス)ディ　スコらー　プルチャカパン　バハサ　イングリス

私は以前、英会話学校の講座に通っていました。

ワンポイント『mengikuti（語根：ikut)』〜に通う　『kursus』講座、コース
『sekolah』学校　『percakapan bahasa Inggris』英会話

~させて

Biar saya ～ / Biarkan saya ～

Biar saya yang bantu.
ビアル　サヤ　ヤン　バントゥ
私に手伝わせて。

こんなときに使おう!
手伝いを申し出るときに…

『Biar saya ～』または『Biarkan saya ～』は、「私に～させてください」と申し出たり、許可を求めたり、「私が～しよう」と意思表示するときなどに使う表現です。

口語ではbiarkanのkanは省略されることが多いですが、kanを付けても同じ意味です。例文の『bantu』は「手伝う」という意味です。

●基本パターン●

Biar ＋ 人 ＋ 動詞句

Biarkan ＋ 人 ＋ 動詞句

基本パターンで言ってみよう!

track 31

Biar saya yang melakukan.
ビアル　サヤ　ヤン　ムらクカン
私にやらせて。

ワンポイント『melakukan（語根：laku)』する、行う〔英語のdo〕

Biar saya yang menjelaskan.
ビアル　サヤ　ヤン　ムンジュらスカン

私に説明させてください。

ワンポイント『menjelaskan（語根：jelas）』説明する

Biar saya yang menerjemahkan.
ビアル　サヤ　ヤン　ムヌルジュマカン

私に通訳をさせてください。

ワンポイント『menerjemahkan（語根：terjemah）』訳す

Biarkan dia yang pergi.
ビアルカン　ディア　ヤン　プルギ

彼に行かせて。

これも知っておこう!

「～させないで」と言うときは『Jangan biarkan ~』を使います。

Jangan biarkan meréka menunggu lama.
ジャンガン　ビアルカン　ムレカ　ムヌングゥ　らマ

（彼らを長く待たせないでください）

ワンポイント『meréka』彼ら　『menunggu（語根：tunggu）』待つ
『lama』（期間的に）長い

Jangan biarkan dia pulang sendiri karena sudah larut malam.
ジャンガン　ビアルカン　ディア　プらン　スンディリ　カルナ　スダー　らルッ(ト)　マらム

（もう夜遅いから、彼女を一人で帰さないで）

ワンポイント『pulang』帰る　『sendiri』一人で　『karena』～だから
『larut malam』夜遅い

32 ～をありがとう

Terima kasih ～

基本フレーズ

Terima kasih atas bantuan Anda.
トゥリマ　カシー　アタス　バントゥアン　アンダ

手伝ってくれてありがとう。

こんなときに使おう！

手伝ってくれた相手にお礼を言うときに…

『Terima kasih』は「ありがとう」という意味です。

『terima（受け取る）＋kasih（愛情、与える）』で、直訳すると「あなたの愛情を受け取りました」→「ありがとう」となります。これだけでも丁寧な感謝の表現になります。友達同士など、親しい相手には省略形の『Makasih』がよく使われています。

一般的に、物に対してお礼を言いたいときには『Terima kasih atas＋名詞』（〈名詞〉をありがとう）、行為に対してお礼を言いたいときには『Terima kasih sudah＋動詞句』（（既に）〈動詞〉をありがとう）となります。

例文の『bantuan（語根：bantu）』は名詞で「手伝い、助け」という意味です。

●基本パターン●

Terima kasih ＋ atas ＋ 名詞

Terima kasih ＋ sudah ＋ 動詞句

基本パターンで言ってみよう! track 32

Terima kasih atas semuanya.
トゥリマ　カシー　アタス　スムアニャ

いろいろとありがとう。

ワンポイント『semuanya』全て、全部の

Terima kasih atas imél Anda.
トゥリマ　カシー　アタス　イメる　アンダ

Eメールをありがとう。

Terima kasih atas nasého Bapak.
トゥリマ　カシー　アタス　ナセハッ(ト)　バパッ(ク)

アドバイスをありがとう。

ワンポイント『naséhat』アドバイス、助言

『Bapak』目上の人〔男性〕に対して尊敬を表す。

Terima kasih atas hadiahnya yang bagus.
トゥリマ　カシー　アタス　ハディアニャ　ヤン　バグス

すてきなプレゼントをありがとう。

ワンポイント『hadiah』プレゼント　『bagus』良い、すてきな

Terima kasih sudah menolong saya.
トゥリマ　カシー　スダー　ムノろン　サヤ

私を助けてくれてありがとう。

ワンポイント『menolong（語根：tolong)』助ける

Terima kasih sudah mengajari saya bahasa Indonesia.
トゥリマ　カシー　スダー　ムンガジャリ　サヤ　バハサ　インドネシア

私にインドネシア語を教えてくれてありがとう。

ワンポイント『mengajari（語根：ajar)』教える

『bahasa Indonesia』インドネシア語

これも知っておこう! ①

インドネシア語のお礼の言葉は、場面に応じていろいろあります。覚えておくと便利です。

Terima kasih banyak.（どうもありがとうございます）
トゥリマ　カシー　バニャッ(ク)

ワンポイント『banyak』たくさん、とても

Terima kasih banyak sudah mengantar saya ke sini.
トゥリマ　カシー　バニャッ(ク)　スダー　ムンガンタル　サヤ　ク　シニ
（私をここへ送ってくれて、どうもありがとう）

ワンポイント『mengantar（語根：antar)』送る、案内する　『sini』ここ

Terima kasih atas kebaikan Anda.
トゥリマ　カシー　アタス　クバイカン　アンダ
（ご親切にありがとうございます）

Terima kasih atas undangan Anda.
トゥリマ　カシー　アタス　ウンダンガン　アンダ
（ご招待ありがとうございます）

ワンポイント『undangan』招待（状）

Terima kasih atas kerjasama Anda.
トゥリマ　カシー　アタス　クルジャサマ　アンダ
（ご協力ありがとうございました）

ワンポイント『kerjasama』協力

Terima kasih atas pertanyaan saudara.
トゥリマ　カシー　アタス　プルタニャアン　サウダラ
（お問い合わせをありがとうございます）

ワンポイント『pertanyaan（語根：tanya)』質問、問い合わせ
『saudara』あなた、～様

Terima kasih atas kehadiran Bapak dan Ibu sekalian.
トゥリマ　カシー　アタス　クハディラン　バパッ(ク)　ダン　イブ　スカリアン
（皆さんのご出席に感謝しています）

ワンポイント『kehadiran（語根：hadir)』出席、参列
『Bapak dan Ibu sekalian』〔英語のLadies and Gentlemen〕

これも知っておこう！ ②

いろいろなお礼の表現に対する答え方は主に３つあります。

Terima kasih kembali.
トゥリマ　カシー　クムバり
（どういたしまして）

Kembali.
クムバり
（こちらこそ）

Sama-sama.
サマ　サマ
（こちらこそ〔お互い様です〕）

『Kembali.』と『Sama-sama.』は、意味上の違いはあまりなく、ほぼ同じ頻度で使われています。

33 ～してごめんなさい

Maaf, saya ～

基本フレーズ

Maaf, saya terlambat.

マアフ　サヤ　トゥルらムバッ(ト)

遅れてごめんなさい。

こんなときに使おう！

待ち合わせの時間に遅れて…

「ごめんなさい」は、インドネシア語では『Maaf.』と言います。些細なことから、それほど深刻ではないことまで幅広く使えます。人にぶつかったときなどの「すみません」も『Maaf.』と言います。

『Maaf＋主語＋動詞』は「主語が～してごめんなさい」という表現です。

『Maaf.』に対して答えるときは、『Tidak apa-apa.』（大丈夫。なんてことはない。かまいません）、または『Tidak masalah.』（問題ない。気にしないで）などと言います。

基本パターン

Maaf ＋ 主語 ＋ 動詞句

Maaf ＋ sudah ＋ 動詞句

基本パターンで言ってみよう!　track 33

Maaf, kami mengganggu.
マアフ　カミ　ムンガング
私たちがお邪魔してすみません。
ワンポイント『kami』私たち〔相手を含まない〕
『mengganggu（語根：ganggu）』邪魔をする

Maaf, saya tidak ada waktu.
マアフ　サヤ　ティダッ(ク)　アダ　ワクトゥ
都合がつかなくて、ごめんなさい。
ワンポイント『tidak ada』ない　『waktu』時間、機会

Maaf sudah merépotkan.
マアフ　スダー　ムレポッ(ト)カン
お手数をおかけしてすみません。
ワンポイント『merépotkan（語根：répot）』忙しくする

Maaf sudah menyusahkan Anda.
マアフ　スダー　ムニュサッ(ハ)カン　アンダ
あなたにご迷惑をおかけしてすみません。
ワンポイント『menyusahkan（語根：susah）』困らせる

Maaf sudah membuat Anda menunggu.
マアフ　スダー　ムムブアッ(ト)　アンダ　ムヌング
お待たせしてすみません。
ワンポイント『menunggu（語根：tunggu）』待つ

これも知っておこう! ①

カジュアルに「ごめんね」と謝るときは、『Maaf ya.』や、英語の真似で『Sori ya.』などもよく使われます。

Maaf ya, aku kemarin tidak menélépon kamu.
マアフ ヤ アク クマリン ティダッ(ク) ムネれポン カム

(昨日は君に電話しないでごめんね)

ワンポイント 『kemarin』昨日 『menélépon』電話する

Maaf ya, aku tidak bilang ke kamu.
マアフ ヤ アク ティダッ(ク) ビらン ク カム

(言わなくてごめんね)

ワンポイント 『bilang ke ～』～に言う

丁寧に謝るときや、「許してください」「申し訳ない」とおわびするときには『Minta maaf.』『Maafkan saya.』、そして最も丁寧な『Mohon maaf.』という表現があります。

Saya sungguh-sungguh minta maaf.
サヤ スング スング ミンタ マアフ

(どうか本当に許してください)

ワンポイント 『sungguh-sungguh』本当に、真剣に

Maafkan saya yang lupa memberitahu Bapak.
マアフカン サヤ ヤン るパ ムムブリタウ ババッ(ク)

(あなたにお知らせするのを忘れて申し訳ありません)

ワンポイント 『lupa』忘れる 『memberitahu(語根：beritahu)』知らせる
『Bapak』目上の人〔男性〕に対して尊敬を表す。

 これも知っておこう！ ②

人に話しかけたり、たずねたりするとき、人の部屋に入るとき、人の前を通るときなどに言う「すみません」「失礼します」は『Permisi.』という表現を使います。

Permisi, numpang léwat.
プルミシ　ヌムパン　れワッ(ト)
（すみません、通らせてください）
ワンポイント『léwat』通る、通過する

Permisi, numpang tanya.
プルミシ　ヌムパン　タニャ
（すみません、おたずねしたいのですが）

Permisi.
プルミシ
（失礼します／ごめんください）

Saya permisi duluan.
サヤ　プルミシ　ドゥウるアン
（お先に失礼します）
ワンポイント『duluan』先に～する

〜じゃないの？

Tidakkah 〜？/ Bukankah 〜？

Tidakkah ini mahal?

ティダッ(ク)カー　イニ　マハる

これは高くないの？

こんなときに使おう！

高そうなものを見て…

「これは〔それは〕〜じゃないの？」とたずねる表現は、インドネシア語では２パターンあります。

「〜」が形容詞の場合は『Tidakkah＋ini/itu＋ 形容詞 ？』、そして「〜」が名詞の場合は『Bukankah＋ini/itu＋ 名詞 ？』となります。

『Tidakkah ＋ ini/itu ＋ 形容詞 ？』と聞かれて、「はい、そうです」というときは『Ya, betul.』『Ya, 形容詞 』、「いいえ、そうじゃないよ」というときは『Tidak.』『Tidak, tidak ＋ 形容詞 』などと答えます。

『Bukankah＋ini/itu＋ 名詞 ？』と聞かれて、「はい、そうです」というときは『Ya, betul.』または『Ya,（ini/itu） ＋ 名詞 ）』、「いいえ、そうじゃないよ」というときは『Bukan.』または『Bukan,（ini/itu bukan） ＋ 名詞 』などと答えます。

●基本パターン●

Tidakkah ＋ 主語 ＋ 形容詞 ？

Bukankah ＋ 主語 ＋ 名詞 ？

基本パターンで言ってみよう!

track 34

＜形容詞の場合＞

Tidakkah ini bahaya? これは危なくないの？
ティダッ(ク)カー イニ バハヤ

答え方 Ya, bahaya. はい、危ないです。
ヤ バハヤ

Tidakkah ini pedas? これは辛くないの？
ティダッ(ク)カー イニ プダス

答え方 Tidak, tidak pedas. いいえ、辛くないです。
ティッダッ(ク) ティッダッ(ク) プダス

Tidakkah ini sulit? これは難しくないの？
ティダッ(ク)カー イニ スリッ(ト)

答え方 Tidak, tidak sulit. いいえ、難しくないよ。
ティダッ(ク) ティダッ(ク) スリッ(ト)

＜名詞の場合＞

Bukankah ini gratis? これは無料じゃないの？
ブカンカー イニ グラティス

答え方 Ya, ini gratis. はい、これは無料です。
ヤ イニグラティス

Bukankah ini punya kamu? これは君のじゃないの？
ブカンカー イニ プニャ カム

答え方 Ya, punya saya. はい、私のです。
ヤ プニャ サヤ

Bukankah ini barangmu? これは君の荷物じゃないの？
ブカンカー イニ バランム

答え方 Bukan, ini bukan barangku. いいえ、これは僕の荷物じゃないよ。
ブカン イニ ブカン バランク

35 そんなに～じゃないよ

Tidak begitu ～

基本フレーズ

Tidak begitu mudah.
ティダッ(ク)　ブギトゥウ　ムダー
そんなに簡単じゃないよ。

こんなときに使おう！

難しいことを頼まれて…

『Tidak begitu＋形容詞』は、「そんなに～じゃないよ」というときの表現です。

例文の『mudah』は「簡単な」という意味です。

●基本パターン●

（主語）＋ tidak begitu ＋ 形容詞

基本パターンで言ってみよう!　track 35

Tidak begitu sukar.
ティダッ(ク) ブギトゥウ　スカル
そんなに難しくはないよ。
ワンポイント『sukar』難しい　※sulitと同じ意味。

Tidak begitu mahal.
ティダッ(ク) ブギトゥウ　マハる
そんなに高くはないよ。
ワンポイント『mahal』高い〔値段〕

Tidak begitu banyak.
ティダッ(ク) ブギトゥウ　バニャッ(ク)
そんなに多くはないよ。

Saya tidak begitu lapar.
サヤ　ティダッ(ク) ブギトゥウ　らパル
私はそんなにお腹はすいていないよ。
ワンポイント『lapar』空腹である

Sambal ini tidak begitu pedas.
サムバる　イニ ティダッ(ク) ブギトゥウ　プダス
このサムバルはそんなに辛くないよ。
ワンポイント『sambal』インドネシア料理のチリソース　『pedas』辛い

Drama itu tidak begitu menarik.
ドラマ　イトゥ ティダッ(ク)　ブギトゥウ　ムナリッ(ク)
そのドラマはそんなにおもしろくはないよ。
ワンポイント『menarik』おもしろい、魅力的な

Kantor saya tidak begitu jauh.
カントル　サヤ　ティダッ(ク) ブギトゥウ　ジャウ
私の会社はそんなに遠くないよ。
ワンポイント『kantor』会社、オフィス　『jauh』遠い

～すぎるよ

Terlalu ～

Terlalu asin.
トゥルらる　アシン
塩辛すぎるよ。

こんなときに使おう!

食べたものが塩辛かったときに…

『Terlalu＋ 形容詞 』は、「～すぎる」「すごく～」という表現です。例文の『asin』は「塩辛い」という意味です。

●基本パターン●

Terlalu ＋ 形容詞

基本パターンで言ってみよう!　track 36

Terlalu banyak.
トゥルらる　バニャッ(ク)

多すぎるよ。

Terlalu berminyak.
トゥルらる　ブルミニャッ(ク)

油っぽすぎるよ。

ワンポイント『berminyak』油を含んでいる、脂っこい

Hari ini terlalu panas ya.
ハリ　イニ　トゥルらる　パナス　ヤ

今日は暑すぎるね。

ワンポイント『hari ini』今日　『panas』暑い　『ya』～ね

Apakah pakaian ini terlalu mencolok?
アパカー　パカイアン　イニ　トゥルらる　ムンチョろッ(ク)

この服、派手すぎるかな？

ワンポイント『Apakah ～?』～ですか？　『pakaian』服
『mencolok（語根：colok)』目立つ、派手

これも知っておこう!

「～すぎて…できない」の表現『terlalu ～ untuk ...』も覚えましょう。英語の『too ～ to ...』のニュアンスです。

Ini terlalu berat untuk diténténg.（これは重すぎて持てないよ）
イニ　トゥルらる　ブラッ(ト) ウントゥッ(ク)　ディテンテン

ワンポイント『berat』重い　『untuk＋動詞』～するのに、～するために
『diténténg（語根：ténténg)』手に提げて持つ

Saya terlalu sibuk untuk bisa ketemu kamu.
サヤ　トゥルらる　シブッ(ク) ウントゥッ(ク)　ビサ　クトゥム　カム

（私は忙しすぎて、君に会えないよ）

ワンポイント『sibuk』忙しい　『ketemu』会う

37 ～しないの?

Tidakkah Anda ～ ?

基本 フレーズ

Tidakkah Anda pikir demikian?
ティダッ(ク) カー　アンダ　ピキル　ドゥミキアン

あなたはそう思わないの？

こんなときに使おう!

相手に確認したいときに…

「～しないの？」とたずねるときは、『Tidakkah ～ ?』の表現を使います。例文の『pikir』は「考える、思う」、『demikian』は「そのように」という意味です。

相手の質問に「はい」と答えるときは『Ya.』、「いいえ」と答えるときは『Tidak.』などと言います。答え方の例もいくつかご紹介します。

●基本パターン●

Tidakkah ＋ 主語 ＋ 動詞句 ?

基本パターンで言ってみよう!　track 37

Tidakkah kamu ingat saya?
ティダッ(ク) カー　カム　インガッ(ト)　サヤ
君は僕のことを覚えてないの？

答え方　Ya, tentu saja!　はい、もちろん！
ヤ　トゥントゥウ サジャ

ワンポイント『kamu』君　『ingat』覚えている　『tentu saja』もちろん

Tidakkah kamu membawa payung?
ティダッ(ク) カー　カム　ムムバワ　パユング
君は傘を持って来てないの？

答え方　Tidak. Maaf saya lupa.　いいえ。忘れてすみません。
ティダッ(ク)　マアフ　サヤ　るパ

ワンポイント『membawa（語根：bawa)』持って来る　『payung』傘
『lupa』忘れる

これも知っておこう!　①

「～するんじゃないの？」は『Bukankah ～ ?』となります。

Bukankah Anda tinggal bersama keluarga Anda di Shinjuku?
ブカンカー　アンダ　ティンガる　ブルサマ　クるアルガ　アンダ　ディ　シンジュク
（あなたはご家族と一緒に新宿に住んでいるんじゃないの？）

答え方　Ya, betul.（はい、そうです）
ヤ　ブトゥる

ワンポイント『tinggal』住む　『bersama』一緒に　『keluarga』家族

Bukankah kamu komuting dengan keréta?
ブカンカー　カム　コムティング　ドゥンガン　クレタ
（君は電車で通勤しているんじゃないの？）

答え方　Tidak, aku komuting dengan sepéda motor.
ティダッ(ク)　アク　コムティング　ドゥンガン　スペダ　モトル
（いいえ、バイクで通勤しているよ）

ワンポイント『komuting』通勤する　『keréta』電車　『sepéda motor』バイク

これも知っておこう！ ②

●過去形「〜しなかったの？」

「〜しなかったの？」を表現するには、『Tidakkah 〜 ?』と同じパターンに「過去を表す言葉」などを入れれば良いです。場合によっては文脈からを判断します。

Tidakkah kamu ketemu Wati akhir minggu lalu?
ティダッ(ク) カー　カム　クトゥム　ワティ　アヒール　ミング　らる
（先週末、君はワティさんに会わなかったの？）

答え方　Ya, ketemu.
ヤ　クトゥム
（はい、会ったの）

ワンポイント 『akhir』終わり、最後　『minggu lalu』先週

Tidakkah kamu mengeluhkan hal itu?
ティダッ(ク) カー　カム　ムングる(フ)カン　ハる　イトゥ
（そのことで君は文句を言わなかったの？）

答え方　Tidak, aku tidak berani bilang.
ティダッ(ク)　アク　ティダッ(ク)　ブラニ　ビらン
（いいえ、僕は言う勇気がないんだ）

ワンポイント 『mengeluhkan（語根：keluh）』文句を言う　『hal itu』そのこと
『berani』勇気がある　『bilang』言う

Tidakkah Anda mengambil foto waktu itu?
ティダッ(ク) カー　アンダ　ムンガムビる　フォト　ワクトゥ　イトゥ
（あなたはその時の写真を撮らなかったの？）

答え方　Ya, saya mengambil banyak foto.
ヤ　サヤ　ムンガムビる　バニャッ(ク)　フォト
（はい、私はたくさん写真を撮ったよ）

ワンポイント 『mengambil foto』写真を撮る　『waktu itu』その時
『banyak』たくさん

●過去形「～したんじゃなかったの？」

「～したんじゃなかったの？」を表現するには、『Bukankah ～ ?』と同じパターンに「過去を表す言葉」などを入れれば良いです。場合によっては文脈から判断します。

Bukankah kamu mendapat tikét gratis?
ブカンカー　カム　ムンダパッ(ト)　ティケッ(ト) グラティス
（ただ券をもらったんじゃなかったの？）

答え方　Ya, senang sekali!
ヤ　スナン　スカり
（はい、とてもうれしかったよ！）

ワンポイント 『mendapat（語根：dapat)』得る、手に入れる　『tikét』券
『gratis』ただの、無料の　『senang』うれしい

Bukankah dulu kamu pernah ambil kursus bahasa Indonesia?
ブカンカー　ドゥウる　カム　プルナ　アムビる　クルスッ(ス)　バハサ　インドネシア
（前に、君はインドネシア語の講座を受講したんじゃなかったの？）

答え方　Ya, tapi saya masih juga belum pandai berbicara.
ヤ　タピ　サヤ　マシー　ジュガ　ブるム　パンダイ　ブルビチャラ
（はい、それでもまだ上手に話せないの）

ワンポイント 『dulu』前に、以前に　『ambil kursus』受講する
『bahasa ～』～語　『tapi』でも、しかし
『masih juga belum ～』それでもまだ～しない
『pandai』上手　『berbicara』話す

~することになっているよ

主語 + diharuskan (untuk) ~

基本 フレーズ

Saya diharuskan menemui
サヤ　ディハルスカン　ムヌムイ

dia minggu depan.
ディア　ミング　ドゥパン

私は来週、彼女に会うことになっています。

こんなときに使おう!

予定について話すときに…

『主語 + diharuskan（untuk）+ 動詞句』は、「主語は～することになっている」という表現です。他人によって前から決められたこと、予定や計画を話すときに使います。

例文の『menemui』は「～と会う」、『minggu depan』は「来週」、『dia』は「彼、彼女」という意味です。

●基本パターン●

主語 + diharuskan（untuk）+ 動詞句

基本パターンで言ってみよう!　track 38

Lusa, saya diharuskan pergi ke perusahaan ABC.
るサ　サヤ　ディハルスカン　プルギ　ク　プルサハアン　アベチェ

あさって、私はABC社に行くことになっています。

ワンポイント『lusa』あさって　『perusahaan』会社、企業

Kami diharuskan berkumpul jam 7 malam.
カミ　ディハルスカン　ブルクムプる　ジャム トゥジュ マらム

私たちは夜7時に集まることになっているよ。

ワンポイント『kami』私たち〔相手を含まない〕『berkumpul』集まる
『jam ～』～時　『tujuh』7　『malam』夜

Di kantor saya, untuk hémat énérgi diharuskan mematikan listrik dan komputer pada jam istirahat siang.
ディ　カントル　サヤ　ウントゥッ(ク) ヘマッ(ト)　エネルギ　ディハルスカン　ムマティカン
リストリッ(ク)　ダン　コムピュトゥル　パダ　ジャム イシティラハッ(ト)　シアン

私の会社では、省エネのために昼休みに電気やパソコンを消すことになっています。

ワンポイント『kantor』会社、オフィス　『untuk』～のために
『hémat énérgi』省エネ　『mematikan（語根：mati)』消す
『listrik』電気　『komputer』パソコン　『pada』～に
『istirahat』休み、休憩　『siang』昼間

これも知っておこう！ ①

●過去形「～するはずだった」

「～するはずだった」という表現にするには、同じパターンに「過去を表す言葉」などを入れれば良いです。場合によっては文脈から判断します。

Saya diharuskan sudah berada di kantor jam 7.
サヤ　ディハルスカン　スダー　ブルアダ　ディ　カントル　ジャム トゥジュ

（私は7時にオフィスにいるはずだったんだけど）

ワンポイント『berada』いる　『kantor』会社、オフィス
『jam ～』～時　『tujuh』7

Pak Suzuki diharuskan berangkat ke Indonesia bulan lalu.
パッ(ク)　スズキ　ディハルスカン　ブランカッ(ト)　ク　インドネシア　ブラン　らる

（鈴木さんは先月インドネシアに出発するはずでした）

ワンポイント『pak ～』～氏、～さん〔(目上の) 男性への呼びかけ〕
『berangkat』出発する　『bulan lalu』先月

Barang diharuskan sudah dikirim sebelum jam 10 pagi.
バラン　ディハルスカン　スダー　ディキリム　スブるム　ジャム スプる　パギ

（商品は朝10時までに届けられるはずだったのですが）

ワンポイント『barang』商品　『dikirim（語根：kirim)』送られる、届けられる
『sebelum』～前に、～する前に　『sepuluh』10　『pagi』朝、午前

Hari Senin yang lalu, saya diharuskan pergi untuk perjalanan bisnis ke Osaka.
ハリ　スニン　ヤン　らる　サヤ　ディハルスカン　プルギ　ウントゥッ(ク)　プルジャらナン
ビスニス　ク　オサカ

（先週の月曜日、私は大阪に出張するはずだったんだ）

ワンポイント『hari Senin』月曜日　『yang lalu』過ぎ去った
『pergi untuk perjalanan bisnis』出張に行く

 これも知っておこう！ ②

『(sudah) diputuskan bahwa』（～することになっています）はフォーマルな表現になります。

Sudah diputuskan bahwa saya bekerja lembur hari ini.
スダー　ディプトゥスカン　バ(ハ)ワ　サヤ　ブクルジャ　るムブル　ハリ　イニ

（私は今日、残業することになっています）

ワンポイント 『bekerja lembur』残業する　『hari ini』今日

Sudah diputuskan bahwa Diréktur akan menjamu tamu dari Jepang malam ini.
スダー　ディプトゥスカン　バ(ハ)ワ　ディレクトゥル　アカン　ムンジャム　タム　ダリ　ジュパン　マらム　イニ

（社長は今夜、日本からのお客様を接待することになっています）

ワンポイント 『akan』～します、～するでしょう〔未来を表す助動詞〕
『menjamu』接待する、もてなす　『tamu』客
『dari』～から　『Jepang』日本　『malam ini』今夜

「～することになった」「～と（既に）決められた」「～と決まった」などの表現は、『(sudah) diputuskan bahwa』のパターンに「時を表す言葉」などを入れれば良いです。場合によっては文脈から判断します。

Sudah diputuskan bahwa saya tinggal di Jakarta 1 tahun lagi.
スダー　ディプトゥスカン　バ(ハ)ワ　サヤ　ティンガる　ディ　ジャカルタ　サトゥ　タウン　らギ

（私はもう1年ジャカルタにいることになりました）

ワンポイント 『tinggal』滞在する、住む　『satu』1　『tahun』年　『lagi』また

Sudah diputuskan bahwa pak Takahashi akan pindah tugas ke Vietnam.
スダー　ディプトゥスカン　バ(ハ)ワ　パッ(ク)　タカハシ　アカン　ピンダー　トゥガス　ク　ヴィエトナム

（高橋氏はベトナムに転勤することになった）

ワンポイント 『pak ～』～氏、～さん〔(目上の) 男性への呼びかけ〕
『akan』～します、～するでしょう〔未来を表す助動詞〕
『pindah』移動する、引っ越す　『tugas』任務、責務

39 ～かもしれない

Mungkin ～

Mungkin bésok hujan.
ムンキン　ベソッ(ク)　フジャン

明日、雨が降るかもしれない。

明日の天気の話をするときに…

『Mungkin ～』は「～かもしれない」という推測の表現で、確信が持てないときに使います。

例文の『bésok』は「明日」、『hujan』は「雨」という意味です。

『Mungkin ～』と同じ意味で『Barangkali ～』も使えます。

例　Barangkali kamu kenal dia.
バランカり　カム　クナる ディア
（君は彼女を知っているかもしれないよ）
※『kenal』（人のことを）知っている、面識がある

基本パターン

Mungkin ＋ 動詞文

Barangkali ＋ 動詞文

基本パターンで言ってみよう! track 39

Mungkin itu benar.
ムンキン　イトゥ　ブナル

それは本当かもしれないよ。

ワンポイント『itu』それ　『benar』本当、正しい

Mungkin aku pergi dengan kamu.
ムンキン　アク　プルギ　ドゥンガン　カム

僕は君と一緒に行くかもしれないよ。

ワンポイント『dengan』～と一緒に

Mungkin nanti aku pergi keluar.
ムンキン　ナンティ　アク　プルギ　クるアル

あとで僕は外出するかもしれません。

ワンポイント『nanti』あとで　『pergi keluar』外出する

Mungkin saya tidak bisa datang.
ムンキン　サヤ　ティダッ(ク)　ビサ　ダタン

私は来られないかもしれない。

ワンポイント『tidak』～ない　『bisa』～できる　『datang』来る

Musim panas tahun ini mungkin dia pergi liburan ke Paris.
ムシム　パナス　タウン　イニ　ムンキン　ディア　プルギ　りブラン　ク　パリス

今年の夏に、彼はパリに旅行するかもしれないよ。

ワンポイント『musim panas』夏　『tahun ini』今年　『dia』彼、彼女
『pergi』行く　『liburan』旅行、休暇

～すべきだよ

Seharusnya ＋ 主語 ＋ 動詞句 ～

Seharusnya Anda mencoba ini.
スハルスニャ　アンダ　ムンチョバ　イニ

あなたはこれを試すべきだよ。

こんなときに使おう!

相手にアドバイスするときに…

『Seharusnya ～』は、助動詞の『harus』から来た言葉で、「～しなければいけない、～すべきです」という意味の表現です。人に強くすすめるとき、提案やアドバイスをするときなどに使います。

例文の『mencoba』は「試す、やってみる」という意味です。

●基本パターン●

Seharusnya ＋ 主語 ＋ 動詞句

基本パターンで言ってみよう!　track 40

Seharusnya Anda berhenti merokok.
スハルスニャ　アンダ　ブルフンティ　ムロコッ(ク)

あなたはタバコをやめるべきだよ。

ワンポイント『berhenti』やめる、止まる
『merokok（語根：rokok)』タバコを吸う、喫煙する

Seharusnya kamu tanya ke dia.
スハルスニャ　カム　タニャ　ク　ディア

君は彼女に聞くべきだよ。

ワンポイント『kamu』君　『tanya』質問する、聞く、たずねる
『dia』彼、彼女

Seharusnya kamu malam ini menélépon dia.
スハルスニャ　カム　マラム　イニ　ムネれポン　ディア

君は今夜、彼に電話すべきです。

ワンポイント『malam ini』今夜『menélépon』電話する

これも知っておこう! ①

●Sebaiknya＋ 主語 ＋ 動詞句

「〜したほうがよい、〜が適切である」というような、やわらかく提案やアドバイスをするときは、文脈によっては『Sebaiknya 〜』（baik：良い）の表現を使います。どちらの表現を使うのかは状況を見て判断すればよいです。

Sebaiknya Anda bicara dengan atasan Anda.
スバイクニャ　アンダ　ビチャラ　ドゥンガン　アタサン　アンダ
（あなたは上司に話したほうがいいですよ）

ワンポイント『bicara』話す　『dengan』〜に
『atasan（語根：atas)』上司

Sebaiknya Anda mencari pekerjaan baru.
スバイクニャ　アンダ　ムンチャリ　プクルジャアン　バル
（あなたは新しい仕事を探したほうがいいです）

ワンポイント『mencari（語根：cari)』探す　『pekerjaan』仕事、職業
『baru』新しい

Sebaiknya Anda cepat tidur malam ini.
スバイクニャ　アンダ　チュパッ(ト)ティドゥル　マラム　イニ
（あなたは、今夜早く寝たほうがいいです）

ワンポイント『cepat』早く　『tidur』寝る　『malam ini』今夜

Sebaiknya kamu minta maaf ke dia.
スバイクニャ　カム　ミンタ　マアフ　ク　ディア
（君は彼に謝ったほうがいいです）

ワンポイント『minta』求める、乞う　『maaf』許し

これも知っておこう！ ②

●Lebih baik ～

『Sebaiknya ～』と同じ意味で『Lebih baik ～』(～のほうがよい)も使えます。

Lebih baik pesan tikét sebelumnya.
るビー　バイク　プサン　ティケッ(ト)　スブるムニャ

(予めチケットを予約したほうがいいです)

ワンポイント『pesan』予約する、注文する
『sebelumnya』予め、事前に、前もって

Lebih baik jangan pergi ke sana.
るビー　バイク　ジャンガン　プルギ　ク　サナ

(あそこへ行かないほうがいいです)

ワンポイント『jangan』～しないで　『pergi』行く　『sana』あそこ

Lebih baik berangkat pagi-pagi karena jalan sering macét.
るビー　バイク　ブランカッ(ト)　パギ　パギ　カルナ　ジャらン　スリン　マチェッ(ト)

(道がよく渋滞しているので、朝早く出発したほうがよりいいです)

ワンポイント『berangkat』出発する　『pagi-pagi』朝早く
『karena』～なので、～だから『jalan』道路
『sering』しばしば、よく　『macét』渋滞する

Lebih baik kamu ke dokter sebelum tambah parah.
るビー　バイク　カム　ク　ドクトゥル　スブるム　タムバー　パラー

(もっと悪くなる前に、君は医者に診てもらったほうがいいよ)

ワンポイント『dokter』医者　『sebelum』～する前に、～なる前に
『tambah』もっと、増す　『parah』(病状・状態が) 悪い

～するはずだよ

Pasti ～

基本 フレーズ

Pasti dia datang.
パスティ　ディア　ダタン
彼は来るはずだよ。

こんなときに使おう！

まだ来ていない人のことを聞かれて…

『Pasti ～』は「～するはずです、～に違いない」「必ず～、きっと～」というときの表現です。ある理由や証拠に基づいて、話し手が確信を持って言うときに使います。例文の『dia』は「彼、彼女」、『datang』は「来る」という意味です。

なお、『まだ確かではない』『まだ定かではい』と言うときは『belum pasti』で表現します。

例　Saya belum pasti bisa datang.
サヤ　ブるム　パスティ　ビサ　ダタン
（私は来られるかどうか、まだ定かではない）

Rencana ini masih belum pasti.
ルンチャナ　イニ　マシー　ブるム　パスティ
（この計画はまだ確定ではない）

基本パターン

Pasti ＋ 文

基本パターンで言ってみよう!　track 41

Pasti Anda bisa!　あなたはできるはずだよ。
パスティ　アンダ　ビサ

Pasti dia segera kembali.　彼女はすぐに戻るはずです。
パスティ　ディア　スグラ　クムバり

ワンポイント『segera』すぐに　『kembali』戻る、帰って来る

Pasti semuanya berjalan lancar.　すべてうまく行くはずです。
パスティ　スムアニャ　ブルジャらン　らンチャル

ワンポイント『semuanya』すべて、全部　『berjalan（語根：jalan）』進む　『lancar』順調

Pasti saran Anda akan diterima.
パスティ　サラン　アンダ　アカン　ディトゥリマ
あなたの提案は受け入れられるはずです。

ワンポイント『saran』提案　『akan』～するだろう
『diterima（語根：terima）』受け入れられる

これも知っておこう!

『pasti ～』で「きっと～」「絶対に～」の表現になります。

Pasti kita tersesat di jalan.（きっと僕たちは道に迷ったよ）
パスティ　キタ　トゥルスサッ(ト)ディ　ジャらン

ワンポイント『tersesat（語根：sesat）』迷う　『jalan』道、道路

Aku kira pasti dia senang dengan hadiah ini.
アク　キラ　パスティ　ディア　スナン　ドゥンガン　ハディアー　イニ
（僕は、彼女はこのプレゼントをきっと喜ぶと思うよ）

ワンポイント『kira』思う　『senang』うれしい、喜ぶ
『dengan』～に対して　『hadiah』プレゼント

Pasti énak!（絶対においしい！）
パスティ　エナッ(ク)

Tas bermérek itu pasti mahal.（あのブランドのバッグはきっと高い）
タス　ブルメルク　イトゥ　パスティ　マハる

ワンポイント『tas』バッグ、かばん　『mahal』高い〔値段〕

Ⅱ 使える！頻出パターン51

～はずがない

Tidak mungkin ～

基本 フレーズ

Tidak mungkin John berbohong.
ティダッ(ク)　ムンキン　ジョン　ブルボホン

ジョンが嘘をついているはずがない。

こんなときに使おう！

ジョンの話について聞かれて…

『Tidak mungkin ～』は「～のはずがない、～はあり得ない」というときの表現です。話し手の主観で「主語が動作を行うはずがない」「ある事柄について、起こる可能性がない」と言いたいときに使います。

例文の『berbohong（語根：bohong）』は「嘘をつく」という意味です。

基本パターン

Tidak mungkin ＋ 文

基本パターンで言ってみよう!

track 42

Tidak mungkin dia tahu nomor télépon saya.
ティダッ(ク)　ムンキン　ディア　タウ　ノモル　テれポン　サヤ

彼が僕の電話番号を知っているはずがない。

ワンポイント 『tahu』知る　『nomor』番号　『télépon』電話

Tidak mungkin dia mengatakan hal seperti itu.
ティダッ(ク)　ムンキン　ディア　ムンガタカン　ハる　スプルティ　イトゥ

彼がそんなことを言うはずがない。

ワンポイント 『mengatakan（語根：kata)』言う、話す
『hal』こと　『seperti itu』そのような

Tidak mungkin dia pacaran denganku.
ティダッ(ク)　ムンキン　ディア　パチャラン　ドゥンガンク

彼女が僕と付き合うはずがないよ。

ワンポイント 『pacaran』（男女が）付き合う　『denganku』僕と～

Tidak mungkin kamu beli ini.
ティダッ(ク)　ムンキン　カム　ブり　イニ

君がこれを買うはずがないよ。

ワンポイント 『beli』買う

Tidak mungkin desas-desus itu benar.
ティダッ(ク)　ムンキン　ドゥサス　ドゥスッス　イトゥ　ブナル

その噂は本当のはずがない。

ワンポイント 『desas-desus』噂　『benar』本当、正しい

Tidak mungkin seperti itu.
ティダッ(ク)　ムンキン　スプルティ　イトゥ

そんなはずはありません。

43 どうぞ～してください

Silahkan ～

基本フレーズ

Silahkan masuk ke dalam.
シラカン　マスッ(ク)　ク　ダラム
どうぞ中へお入りください。

こんなときに使おう！

人を部屋へ案内するときに…

『Silahkan ～』は日本語の「どうぞ～」と同じ意味と使い方です。人に何かをすすめるときや案内するときに使う表現です。

例文の『masuk』は「入る」、『dalam』は英語のinにあたり、「～に、～中」という意味です。

●基本パターン●

Silahkan ＋ 動詞句

基本パターンで言ってみよう!　track 43

Silahkan menunggu di sini.
シラカン　ムヌングゥ　ディ　シニ
どうぞここでお待ちください。
ワンポイント『menunggu』待つ　『di』〜で　『sini』ここ

Silahkan duduk di ruang tunggu.
シラカン　ドゥドゥッ(ク) ディ　ルアン　トゥング
どうぞ待合室でお座りください。
ワンポイント『duduk』座る　『ruang』部屋、空間　『tunggu』待つ

Silahkan menikmati hidangan malam ini.
シラカン　ムニクマティ　ヒダンガン　マラム　イニ
どうぞ今夜のお食事を召し上がってください。
ワンポイント『menikmati（語根：nikmat)』（飲食）を味わって楽しむ
『hidangan』ごちそう　『malam ini』今夜

これも知っておこう!

「いつでも〜してください」と言うときも『Silahkan 〜』の表現を使えます。

Silahkan menélépon saya kapan saja.
シラカン　ムネルポン　サヤ　カパン　サジャ
（いつでも私に電話してください）

Silahkan menghubungi saya kapan saja kalau ada masalah.
シラカン　ムンフブンギ　サヤ　カパン　サジャ　カラウ　アダ　マサラー
（困った事があったら、いつでも私に連絡してください）
ワンポイント『menghubungi（語根：hubung)』〜に連絡する
『kapan saja』いつでも　『ada』ある、持つ
『masalah』問題

Ⅱ 使える！ 頻出パターン51

～してください

Tolong ～

基本フレーズ

Tolong buka jendéla.
トロン　ブカ　ジュンデら

窓を開けてください。

こんなときに使おう!

部屋の窓を開けてほしいと頼むときに…

『Tolong ～』は「～してください」と相手に助力を求めるときや依頼するときに使う表現です。『～』には動詞がきます。

例文の『buka』は「開く、開ける」、『jendéla』は「窓」という意味です。

1語で『Tolong!』と大声で叫ぶと「助けて！」という表現になります。

●基本パターン●

Tolong ＋ 動詞句

基本パターンで言ってみよう!

track 44

Tolong tunggu sebentar.
トロン　トゥング　スブンタル
少々お待ちください。〔電話で〕

ワンポイント『tunggu』待つ　『sebentar』少々、ちょっと

Tolong panggil taksi ya.
トロン　パンギる　タクシ　ヤ
タクシーを呼んでくださいね。

ワンポイント『panggil』呼ぶ　『ya』～ね

Tolong kasih lihat foto itu. その写真を見せてください。
トロン　カシー　りハッ(ト)　フォト　イトゥ

ワンポイント『kasih lihat』見せる　『foto』写真

Tolong kasih tahu saya kondisi Anda.
トロン　カシー　タウ　サヤ　コンディシ　アンダ
あなたの状況を私に知らせてください。

ワンポイント『kasih tahu』知らせる　『kondisi』状況、具合

Tolong antarkan saya belanja ke supermarket.
トロン　アンタルカン　サヤ　ブらンジャ　ク　スプルマルケッ(ト)
私をスーパーへ買い物に連れて行ってください。

ワンポイント『antarkan（語根：antar)』送る、連れて行く
『belanja』買い物（する）

Tolong sediakan minuman dingin untuk dia.
トロン　スディアカン　ミヌマン　ディンギン　ウントゥッ(ク)　ディア
冷たい飲み物を彼女に用意してください。

ワンポイント『sediakan（語根：sedia)』用意する、提供する
『minuman』飲み物　『dingin』冷たい、寒い
『untuk』～のために

Tolong cék terjemahan imél bahasa Indonesia ini.
トロン　チェック　トゥルジュマハン　イメる　バハサ　インドネシア　イニ
このインドネシア語のメールの訳をチェックしてください。

ワンポイント『cék』チェックする、確認する　『terjemahan』訳、翻訳
『bahasa Indonesia』インドネシア語

～をください

Minta ～

基本 フレーズ

Minta bir Bintang 2 botol.
ミンタ　ビル　ビンタン　ドゥア　ボトる
ビンタン・ビールを2本ください。

こんなときに使おう!

レストランで注文するときに…

『Minta＋ 名詞 』は「～をください、～をお願いします」という表現で、何かほしいときや、買い物をしたり、店で注文するときなどに使います。

『Minta＋ 動詞 』は、「～してください、～お願いします」という表現で、相手に何かしてほしい動作を求めるとき、お願いするときなどに使います。

なお、『Minta』は「乞う、求める」という意味です。

●基本パターン1●

Minta ＋ 名詞

●基本パターン2●

Minta ＋ 動詞

Minta tolong ＋ 動詞 〔より丁寧な表現〕

基本パターン１で言ってみよう!　track 45

Minta ménu.
ミンタ　メヌ

メニューをください。

Minta téh panas tanpa gula 1 gelas.
ミンタ　テー　パナス　タンパ　グラ　サトゥ　グラス

熱い紅茶を砂糖なしで1杯、お願いします。

ワンポイント 『téh』紅茶　『panas』熱い、暑い
『tanpa』～なしで、～を除いて
『gula』砂糖　『gelas』グラス、コップ

Minta kursi yang dilarang merokok.
ミンタ　クルシ　ヤン　ディらラン　ムロコッ(ク)

禁煙席をお願いします。

ワンポイント 『kursi』席、いす　『dilarang（語根：larang)』禁じられる
『merokok』喫煙する

Minta kursi yang dekat jendéla.
ミンタ　クルシ　ヤン　ドゥカッ(ト)　ジュンデら

窓際の席をお願いします。

ワンポイント 『dekat』近い　『jendéla』窓

Minta nasi goréng 2 porsi dan saté ayam 1 porsi.
ミンタ　ナシ　ゴレン　ドゥア ポルシ　ダン　サテ　アヤム　サトゥ　ポルシ

ナシ・ゴレンを2人前とサテ・アヤムを1人前、お願いします。

ワンポイント 『nasi goréng』焼き飯　『porsi』～人前、割り当て
『～ dan ...』～と…　『saté ayam』焼き鳥

Minta kaos ukuran M 1 helai dan ukuran XL 3 helai.
ミンタ　カオス　ウクラン　エム サトゥ　フらイ　ダン　ウクラン　エクスエる ティガ　フらイ

MサイズのTシャツ1枚とXLサイズのを3枚、ください。

ワンポイント 『kaos』Tシャツ　『ukuran』サイズ　『helai』～枚

基本パターン２で言ってみよう!　track 45

Minta télépon kembali.
ミンタ　テれポン　クムバり

折り返しの電話をしてください。

ワンポイント『télépon』電話する　『kembali』再び、返す

Minta jemput jam 5 soré di depan Mall.
ミンタ　ジュムプッ(ト)　ジャム　りマ　ソレ　ディ　ドゥパン　モーる

モールの前で夕方5時に迎えに来てください。

ワンポイント『jemput』迎えに行く（来る）『jam ～』～時
『lima』5　『soré』夕方　『depan』～の前

Minta segera hubungi ibu saya di rumah.
ミンタ　スグラ　フブンギ　イブ　サヤ　ディ　ルマー

家にいる母に早く連絡をしてください。

ワンポイント『segera』早く　『hubungi』連絡する　『ibu』母　『rumah』家

Minta tolong ya.
ミンタ　トろン　ヤ

お願いしますね。

Minta tolong bangunkan saya jam 6 pagi bésok.
ミンタ　トろン　バングンカン　サヤ　ジャムウナム　パギ　ベソッ(ク)

明日の朝6時に私を起こしてください。

ワンポイント『bangunkan（語根：bangun）』起こす
『enam』6　『pagi』朝　『bésok』明日

Minta tolong sampaikan pesan ini kepada Pak Nakamura.
ミンタ　トろン　サムパイカン　プサン　イニ　クパダ　パッ(ク)　ナカムラ

中村さんにこの伝言をお伝えください。

ワンポイント『sampaikan』伝える、渡す　『pesan』伝言、注文、予約
『kepada』～に、～へ
『Pak ～』～氏、～さん〔(目上の) 男性への呼びかけ〕

これも知っておこう!

『Mohon ～』は『Minta tolong ～』よりも丁寧な表現です。「～してくださいますようお願いします」というニュアンスです。フォーマルな場面、アナウンスするとき、書き言葉などで使います。

Mohon kerjasamanya.（ご協力お願いします）
モホン　クルジャサマニャ

Mohon bimbingannya.（ご指導お願いします）
モホン　ビムビンガンニャ

ワンポイント『bimbingan（語根：bimbing）＋nya』（その）指導

Mohon pengertian saudara sekalian tentang hal ini.
モホン　プングルティアン　サウダラ　スカリアン　トゥンタン　ハる　イニ
（これについて、皆様のご理解をお願いします）

ワンポイント『pengertian（語根：erti）』理解　『saudara』～様、あなた
『sekalian』皆、全員　『tentang』～について

Mohon berkumpul di ruang pertemuan ini 10 menit sebelum acara dimulai.
モホン　ブルクムプる　ディ　ルアン　プルトゥムアン　イニ スプる ムニッ(ト)　スブるム　アチャラ　ディムらイ
（こちらの会議室にプログラムが始まる10分前にお集まりくださいますようお願いします）

ワンポイント『berkumpul（語根：kumpul）』集まる　『ruang』部屋
『pertemuan（語根：temu）』会合、会議
『sebelum』～する前に　『acara』プログラム、行事、議定
『dimulai（語根：mulai）』開始される

Mohon maaf lahir dan bathin.
モホン　マアフ　らヒル　ダン　バティン
（これまでのあらゆる過ちをお許しください）
〔心身共に許しをお願いします〕

ワンポイント イスラム教の行事の一つである断食明け大祭で言う挨拶の一部。
『Selamat Hari Raya Idul Fitri. Mohon maaf lahir dan batin.』
（イドゥル・フィトリおめでとう。心身共に許しを乞う）
という表現を覚えておくとよいです。

～しないで

Jangan ～

Jangan terlambat ya.
ジャンガン　トゥルらムバッ(ト)　ヤ

遅れないでね。

こんなときに使おう!

念のために言うときに…

『Jangan＋動詞句』は、「～しないで」という表現です。
例文の『terlambat』は「遅れる」、『ya』は「～ね」という意味です。

●基本パターン●

Jangan ＋ 動詞句

基本パターンで言ってみよう!

track 46

Jangan bilang ke siapa-siapa.
ジャンガン　ビらン　ク　シアパ　シアパ

誰にも言わないで。

ワンポイント 『bilang ke ～』～に言う　『siapa-siapa』誰か

Jangan kuatir tentang hal itu.
ジャンガン　クアティル　トゥンタン　ハる　イトゥ

そのことは心配しないで。

ワンポイント 『kuatir』心配する　『tentang』～について

Jangan pakai sambal ya.
ジャンガン　パカイ　サムバる　ヤ

チリソースを入れないでね。

ワンポイント『pakai』使う　『sambal』インドネシアのチリソース

Jangan pakai és batu ya.
ジャンガン　パカイ　エス　バトゥ　ヤ

氷を入れないでね。

ワンポイント『és batu』氷

Jangan lupa kunci mobil ya.
ジャンガン　るパ　クンチ　モビる　ヤ

車のカギを閉めるのを忘れないでね。

ワンポイント『lupa』忘れる　『kunci』カギ　『mobil』車

Jangan malu-malu, silahkan makan yang banyak.
ジャンガン　マる　マる　シらカン　マカン　ヤン　バニャッ(ク)

遠慮しないで、どうぞたくさん食べてください。

ワンポイント『malu-malu（語根：malu）』恥ずかしがる、遠慮する
『silahkan』どうぞ　『makan』食べる　『banyak』たくさん

これも知っておこう!

『jangan』の前に『Tolong』をつけて、「～しないでください」と言うこともあります。

Tolong jangan merokok di sini.
トろン　ジャンガン　ムロコッ(ク)　ディ　シニ

（ここでタバコを吸わないでください）

ワンポイント『merokok』タバコを吸う　『sini』ここ

Tolong jangan buang sampah di sini.
トろン　ジャンガン　ブアン　サムパ(ハ)　ディ　シニ

（ここにゴミを捨てないでください）

ワンポイント『buang』捨てる　『sampah』ゴミ

～してもいいですか？

Boléhkah ＋ 主語 ＋ 動詞句 ～？

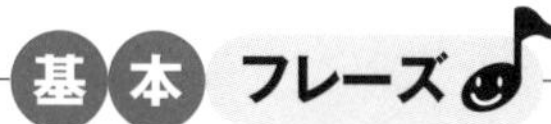

Boléhkah saya duduk di sini?
ボれカー　サヤ　ドゥドゥッ(ク)ディ　シニ
ここに座ってもいいですか？

こんなときに使おう！
カフェなどで隣の席に座りたいときに…

『Boléhkah saya＋ 動詞句 ？』は、「私は～してもいいですか？」と許可を求めるときの表現です。

例文の『duduk』は「座る」、『sini』は「ここ」という意味です。

『Boléhkah ～ ?』と聞かれて、OKの場合は『Ya, boléh.』（はい、いいですよ）、『Ya, silahkan.』（ええ、どうぞ）、ダメな場合は『Maaf, tidak boléh.』（申し訳ありませんが、いけません）、『Maaf, jangan.』（ごめんなさい、ダメです）などと答えます。

●基本パターン●

Boléhkah ＋ 主語 ＋ 動詞句 ？

基本パターンで言ってみよう!　track 47

Boléhkah saya minta bantuan?
ボれカー　サヤ　ミンタ　バントゥアン
お願いしてもいいですか？
ワンポイント『minta』求める、乞う　『bantuan（語根：bantu）』手伝い、助け

Boléhkah saya mengubah janji saya?
ボれカー　サヤ　ムングバ　ジャンジ　サヤ
約束を変更してもいいですか？
ワンポイント『mengubah（語根：ubah）』変更する　『janji』約束、アポ

Boléhkah saya tahu nama Anda?
ボれカー　サヤ　トゥ　ナマ　アンダ
あなたのお名前を教えてもらってもいいですか？
ワンポイント『tahu』知る、わかる　『nama』名前

これも知っておこう!　①

Boléhkah をBoléh にすると、より口語的になります。

Boléh coba pakai ini?　（これを試着してもいいですか？）
ボれ　チョバ　パカイ　イニ

Boléh tambah pesanan?　（追加の注文をしてもいい？）
ボれ　タムバー　プサナン

Boléh merokok di kamar?（部屋でタバコを吸ってもいい？）
ボれ　ムロコッ(ク)　ディ　カマル

Boléh saya tanya nomor HP Anda?
ボれ　サヤ　タニャ　ノモル　ハペ　アンダ
（あなたの携帯番号を聞いてもいいですか？）

Boléh saya ikut menumpang di mobil Anda?
ボれ　サヤ　イクッ(ト)　ムヌムパン　ディ　モビる　アンダ
（あなたの車に一緒に乗せてもらってもいいですか？）

ワンポイント『coba pakai』試着する　『tambah』追加する　『pesanan』注文
『merokok』タバコを吸う　『kamar』部屋　『tanya』たずねる
『nomor HP』携帯番号　『ikut』ついて行く
『menumpang（語根：tumpang）』乗せてもらう　『mobil』車

Ⅱ 使える！ 頻出パターン51

これも知っておこう！ ②

● 『**Tidak boléh** + 動詞』（～してはいけません）

『Boléh + 動詞』の否定形の『Tidak boléh + 動詞』はパターン46の『Jangan ～』（～しないで）よりもソフトで丁寧な禁止の表現です。

例　**Anda tidak boléh merokok di sini.**
アンダ　ティダッ(ク)　ボれ　ムロコッ(ク)　ディ　シニ
（ここでタバコを吸ってはいけません）

● 『**Dilarang** + 動詞』（～は禁止されている）

アナウンスや標識などでよく使われる禁止表現です。

Dilarang merokok.（禁煙）
ディらラン　ムロコッ(ク)

Dilarang parkir.（駐車禁止）
ディらラン　パルキル

Dilarang masuk.（立入禁止）
ディらラン　マスッ(ク)

Dilarang memotrét.（撮影禁止）
ディらラン　ムモトレッ(ト)

Dilarang menyalakan api.（火気厳禁）
ディらラン　ムニャらカン　アピ

Dilarang buang sampah.（ゴミ捨て禁止）
ディらラン　ブアン　サムパ(ハ)

Dilarang menggunakan handphone.（携帯電話の使用禁止）
ディらラン　ムングナカン　ヘンフォン

Dilarang membawa makanan/minuman.（飲食物の持込禁止）
ディらラン　ムムバワ　マカナン　ミヌマン

ワンポイント 『merokok』喫煙する　『parkir』駐車する〔英語のparking〕
『masuk』入る　『memotrét（語根：potrét）』写真を撮る
『menyalakan（語根：nyala）』点火する、燃やす　『api』火
『buang』捨てる、投棄する　『sampah』ゴミ、くず
『menggunakan（語根：guna）』使用する　『membawa』持参する
『makanan』食べ物　『minuman』飲み物

これも知っておこう！ ③

パターン46で学んだ『Jangan ～』（～しないで）は、1語で『Jangan!』と言うと「ダメだ！」「するな！」という禁止の意味にもなります。

『Jangan』を2回繰り返して『Jangan-jangan ～』と言うと、「もしかしたら～ではないかと心配する」という意味になります。

Jangan-jangan HP saya ketinggalan di hotél.
ジャンガン　ジャンガン　ハペ　サヤ　クティンガラン　ディ　ホテル
（もしかしたら私の携帯をホテルに置き忘れたかもしれない）
ワンポイント 『HP』携帯　『ketinggalan（語根：tinggal）』置き忘れる

Langit mendung! Jangan-jangan mau hujan.
ランギッ(ト)　ムンドゥン　ジャンガン　ジャンガン　マウ　フジャン
（空が曇ってきた！　もしかしたら雨が降るのかな）
ワンポイント 『langit』空　『mendung』曇り　『hujan』雨

48 ～していただけませんか？

Bisakah Anda ～？

基本フレーズ

Bisakah Anda ulangi?
ビサカー　アンダ　ウランギ
もう一度言っていただけませんか？

こんなときに使おう！

相手が早口で話しているときに…

『Bisakah ～ ?』は「～は可能ですか？」「～できますか？」という意味で、『Bisakah Anda + 動詞句 ？』は「（あなたは）～していただけませんか？」「～してもらえませんか？」などと丁寧に依頼する表現です。OKの場合は『Tentu saja.』（もちろん）、『Ya, bisa.』（はい、できます）、ダメな場合は『Maaf, tidak bisa.』（申し訳ありませんが、できません）などと答えます。

例文の『ulangi（語根：ulang)』は「繰り返す」という意味です。

『Bisakah.』を『Bisa.』にすると、より口語的になります。

例　Bisa tolong saya?（助けていただけませんか？）
Bisa kasih murah?（安くしてもらえますか？）
Bisa kasih diskon?（値引きしてもらえますか？
Bisa kasih lihat kalung yang ada di étalase?
（ショーウィンドーにあるネックレスを見せてもらえませんか？）
※『kasih』与える　『diskon』割引　『kalung』ネックレス

基本パターン

Bisakah ＋（Anda）＋ 動詞句 ？

基本パターンで言ってみよう!　track 48

Bisakah Anda ambilkan garam?
ビサカー　アンダ　アムビるカン　ガラム

お塩を取ってもらえない？

ワンポイント『ambilkan（語根：ambil）』取る　『garam』塩

Bisakah Anda bicara lebih perlahan?
ビサカー　アンダ　ビチャラ　るビー　プルらハン

もう少しゆっくり話していただけませんか？

ワンポイント『bicara』話す　『lebih』もっと　『perlahan』ゆっくり

Bisakah Anda memberitahu cara pergi ke bandara?
ビサカー　アンダ　ムムベリタウ　チャラ　プルギ　ク　バンダラ

空港への行き方を教えていただけませんか？

ワンポイント『memberitahu』知らせる　『cara pergi』行き方　『bandara』空港

これも知っておこう!

『Anda』（あなた）を『saya/kami』（私／私たち）にすると、許可を求める表現にもなります。

Bisakah saya menukar celana ini ke ukuran L?
ビサカー　サヤ　ムヌカル　チュらナ　イニ　ク　ウクラン　エる

（このズボンをLサイズに取り替えてもらえますか？）

ワンポイント『menukar（語根：tukar）』交換する、取り替える
『celana』ズボン　『ukuran』サイズ

Bisakah kami menitipkan barang di sini?
ビサカー　カミ　ムニティプカン　バラン　ディ　シニ

（ここで荷物を預かってもらえますか？）

ワンポイント『menitipkan（語根：titip）』預ける　『barang』荷物

49 ～が必要です

主語 ＋ perlu ～

基本フレーズ

Saya perlu naséhat Anda.
サヤ　プルる　ナセハッ(ト)　アンダ

私はあなたのアドバイスが必要です。

こんなときに使おう！

相手の意見を聞きたいときに…

『主語 + perlu ～』は、「主語 は～が必要だ」という表現です。『perlu』は「要る、必要とする」の意味です。『～』が物の場合は〈名詞〉、動作の場合は〈動詞句〉がきます。

「～は必要ですか？」とたずねるときは『Perlukah ～ ?』を使います。例文の『tempat』は「席、場所」という意味です。

例　Perlukah saya pesan tempat?（席の予約は必要ですか？）
プルるカー　サヤ　プサン　トゥムパッ(ト)

基本パターン

主語 ＋ perlu ＋ 名詞

主語 ＋ perlu ＋ 動詞句

基本パターンで言ってみよう!　track 49

Aku perlu pertolonganmu.
アク　プルる　プルトろンガンム

僕は君の助けが必要なんだ。

ワンポイント『aku』僕　『pertolongan（語根：tolong）』助け　『-mu』君の

Saya perlu waktu lebih banyak.
サヤ　プルる　ワクトゥ　るビー　バニャッ(ク)

私はもっと時間が必要です。

ワンポイント『waktu』時間　『lebih banyak』もっとたくさん

Saya perlu membawa obat anti mabuk kendaraan.
サヤ　プルる　ムムバワ　オバッ(ト)アンティ　マブッ(ク)　クンダラアン

私は乗り物の酔い止め薬を持って来る必要があります。

ワンポイント『membawa』持って来る、持参する　『obat』薬
『anti mabuk』酔い止め　『kendaraan』乗り物

Rombongan tur kami perlu pemandu wisata.
ロムボンガン　トゥル　カミ　プルる　プマンドゥ　ウィサタ

私たちの団体にはツアーガイドが必要です。

ワンポイント『rombongan』団体、グループ　『kami』私たち〔相手を含まない〕
『pemandu wisata』ツアーガイド

これも知っておこう!

〈疑問と否定の表現〉

Anda perlu apa?　（あなたは何が必要ですか？）
アンダ　プルる　アパ

Kamu perlu uang berapa?　（君はお金がいくら必要ですか？）
カム　プルる　ウアン　ブラパ

Saya tidak perlu apa-apa.　（私は何も要りません）
サヤ　ティダッ(ク)　プルる　アパ　アパ

ワンポイント『apa』何　『uang』お金　『berapa』いくら、どのくらい
『apa-apa』何も

よく〜するの?

Seberapa sering 〜 ?

基本フレーズ

Seberapa sering Anda makan di luar?
スブラパ　スリン　アンダ　マカン　ディ　るアル

あなたはよく外食するの？

こんなときに使おう!

相手が連日外食したと聞いて…

『Seberapa sering 〜』は、「よく〜するの？」「どのくらいの頻度で〜するの？」と頻度をたずねる表現です。例文の『makan』は「食べる」、『luar』は「外」という意味です。

●基本パターン●

Seberapa sering ＋ 主語 ＋ 動詞句 ?

＜頻度を表す表現＞

「一度」 sekali　　「週に一度」 seminggu sekali
「二度」 dua kali　　「月に二度」 sebulan dua kali
「三度」 tiga kali
「毎日」 setiap hari　　「一日おきに」setiap dua hari sekali
「毎週」 setiap minggu　　「隔週で」 setiap dua minggu
「毎月」 setiap bulan　　「隔月で」 setiap dua bulan
「よく」 sering　　「いつも」 selalu
「時々」 kadang-kadang　　「たいてい、普段」biasanya
「一度も〜ない」 （sekalipun）tidak pernah
「めったに〜しない」jarang

その他の表現は「基本の基本」（p.26）参照。

基本パターンで言ってみよう!　track 50

Seberapa sering **Anda ke Indonesia?**
スブラパ　スリン　アンダ　ク　インドネシア

あなたはインドネシアによく行きますか？

Seberapa sering **Anda pergi untuk perjalanan dinas?**
スブラパ　スリン　アンダ　プルギ　ウントゥッ(ク)　プルジャらナン　ディナス

あなたはよく出張に行くの？

ワンポイント 『perjalanan dinas』出張

Seberapa sering **kamu pergi nonton film?**
スブラパ　スリン　カム　プルギ　ノントン　フィるム

君はよく映画を観に行くの？

ワンポイント 『kamu』君 『nonton』観る

Seberapa sering **kamu mengecék imél?**
スブラパ　スリン　カム　ムングチェック　イメる

君はメールをよくチェックするの？

ワンポイント 『mengecék（語根：cék)』チェックする、確認する

Seberapa sering **kalian berkumpul di rumah Rudi?**
スブラパ　スリン　カりアン　ブルクムプる　ディ　ルマー　ルディ

君たちはルディの家によく集まるの？

ワンポイント 『kalian』君たち 『berkumpul（語根：kumpul)』集まる
『rumah』家

~そうだね

Kedengarannya ~

基本フレーズ

Kedengarannya menarik ya.
クドゥンガランニャ　ムナリッ(ク)　ヤ

おもしろそうだね。

こんなときに使おう!

相手が読んでいる本の話を聞いて…

『Kedengarannya + 形容詞』は、「~そうだね」という表現です。相手の話を聞いて、感じたことを言うときに使います。

『kedengaran』は「語根：dengar（聞く）」から成り、「聞こえる」という意味の派生語で、『kedengarannya』は「聞いたところ」という意味になります。

例文の語尾の『ya』は日本語の「~ね」と似ており、文章のニュアンスをやわらかくします。

●基本パターン●

Kedengarannya + 形容詞

主語 + kedengarannya + 形容詞

基本パターンで言ってみよう!　track 51

Kedengarannya bagus ya. 良さそうだね。
クドゥンガランニャ　バグス　ヤ

Kedengarannya menyenangkan ya. 楽しそうだね。
クドゥンガランニャ　ムニュナンカン　ヤ

Kedengarannya mahal. 高そうだ。〔値段〕
クドゥンガランニャ　マハる

Kedengarannya serius. 大変そうだ。
クドゥンガランニャ　スリウス

ワンポイント『serius』深刻な〔英語のserious〕

Meréka kedengarannya sibuk sekali.
ムレカ　クドゥンガランニャ　シブッ(ク)　スカり

彼らはとても忙しそうです。

ワンポイント『meréka』彼ら　『sibuk』忙しい　『sekali』とても

これも知っておこう!

『kelihatannya ～』は「～のように見える」、『sepertinya ～』は「～のようです」という表現になります。

Dia kelihatannya bahagia.
ディア　クりハタンニャ　バハギア

（彼女は幸せそうに見える）

ワンポイント『bahagia』幸せ

Sepertinya pesawat akan terlambat.
スプルティニャ　プサワッ(ト)　アカン　トゥルらムバッ(ト)

（飛行機が遅れているようだ）

ワンポイント『pesawat』飛行機　『terlambat』遅れる

52 ～によるよ

Tergantung ～

Tergantung harga.
トゥルガントゥン　ハルガ

値段によるよ。

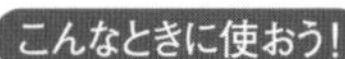

商品を買うかどうかを聞かれて…

『Tergantung + 名詞』または『Tergantung pada + 名詞』は、「～による、～次第である」という表現で、物事が何かに左右されるときに使います。

『tergantung』は「語根：gantung（吊り下げる、ぶら下がる）」から派生して「頼る」という意味にもなります。

基本パターン

Tergantung ＋ 名詞

Tergantung pada ＋ 名詞

基本パターンで言ってみよう!　track 52

Tergantung cuaca.　天候によるよ。
トゥルガントゥン　チュアチャ

Tergantung jawabannya.　彼の答えによるよ。
トゥルガントゥン　ジャワバンニャ

ワンポイント『jawabannya』彼の答え　『jawaban』答え

Tergantung pada kondisi.　条件次第です。
トゥルガントゥン　パダ　コンディシ

ワンポイント『kondisi』条件、状況

Tergantung pada situasi.　状況によるよ。
トゥルガントゥン　パダ　シトゥアシ

ワンポイント『situasi』状況、実態〔英語のsituationから〕

これも知っておこう!

『動詞 + atau tidak, tergantung ...』は「～するかどうか、…による」という表現です。

Pergi atau tidak, tergantung jadwal bu Wati.
プルギ　アタウ ティダッ(ク)　トゥルガントゥン　ジャドゥアる　ブ　ワティ
(行くかどうか、ワティさんの都合によります)

ワンポイント『jadwal』スケジュール、日程
『bu』(目上の) 女性への呼びかけ

53 ただ～だけ

Hanya〔Cuma〕～ saja

基本フレーズ

Hanya mau lihat-lihat saja.
ハニャ　マウ　りハッ(ト) りハッ(ト)　サジャ

ただ見たいだけです。

こんなときに使おう!

お店で商品を見ているときに…

『Hanya ～ saja』『Cuma ～ saja』は「ただ～だけ」「～しかない」という表現です。

それぞれ『Hanya』『Cuma』『saja』で、「～だけ」「～のみ」を表現できますが、インドネシア人は『Hanya ～ saja』または『Cuma ～ saja』をよく使っています。これによって意味がさらに強調されます。

『hanya』『cuma』は文の最初、あるいは文中に、『saja』は文末に置きます。『hanya』はどちらかというとフォーマルなときに使います。『cuma』を『cuman』という人もいますが、意味は同じで、日常会話でよく使われています。

例　Tadi pagi aku cuman makan pisang.
　　タディ　パギ　アク　チュマン　マカン　ピサン
　　(今朝、僕はバナナしか食べなかったの)

基本パターン

Hanya〔Cuma〕 ＋ 名詞 ＋ saja

(主語) ＋ hanya〔cuma〕 ＋ 動詞句 ＋ saja

基本パターンで言ってみよう! track 53

Hanya sendiri saja. ただひとりだけです。
ハニャ スンディリ サジャ

Cuma saya sendiri. ただ私ひとりです。
チュマ サヤ スンディリ

Itu saja. それだけです。
イトゥ サジャ

Hari ini saja. 今日だけです。
ハリ イニ サジャ

Saya hanya bercanda saja. 私は冗談を言っているだけです。
サヤ ハニャ ブルチャンダ サジャ

ワンポイント 『bercanda（語根：canda)』冗談を言う、ふざける

Kali ini saya hanya pergi ke Malaysia.
カリ イニ サヤ ハニャ プルギ ク マラ イシャ

今回、私はマレーシアだけ行きます。

Dia cuma menetap di Jakarta 4 hari saja.
ディア チュマ ムヌタプ ディ ジャカルタ ウムパッ(ト) ハリ サジャ

彼はジャカルタで4日間しか滞在していなかった。

ワンポイント 『menetap（語根：tetap)』滞在する 『empat』4

これも知っておこう!

『hanya』または『cuma』がないと、「悪気はない」というニュアンスが薄くなります。

Saya hanya mau menguji Anda saja.
サヤ ハニャ マウ ムングジ アンダ サジャ

（私はあなたを試したかっただけです）

～で…する

... dengan ～

Saya datang dengan taksi.
サヤ　ダタン　ドゥンガン　タクシ
私はタクシーで来ました。

こんなときに使おう！

「どうやって来たの？」と聞かれて…

『主語＋動詞＋（目的語）＋dengan＋名詞』は手段、道具、材料や方法などを表す表現です。

例文の『datang』は「来る」、『dengan ～』は「～で」という意味です。

基本パターン

主語 ＋ 動詞 ＋（目的語）＋ dengan ＋ 名詞

基本パターンで言ってみよう！

track 54

Orang Jepang makan nasi dengan sumpit.
オラン　ジュパン　マカン　ナシ　ドゥンガン　スムピッ(ト)
日本人は箸でご飯を食べます。
ワンポイント『orang Jepang』日本人　『nasi』ご飯　『sumpit』箸

Saya mau membayar dengan kartu krédit.
サヤ　マウ　ムムバヤル　ドゥンガン　カルトゥ クレディッ(ト)
私はクレジットカードで支払いたいです。
ワンポイント『mau ～』～したい　『membayar（語根：bayar)』払う

これも知っておこう!

『dengan ～』は「～で」の他に、下記のような用法もあります。

● 『dengan + 人』「～と一緒に」

Wati masih tinggal dengan orang tuanya.
ワティ　マシー　ティンガる　ドゥンガン　オラン　トゥアニャ
（ワティはまだ彼女の両親と一緒に住んでいます）

● 『dengan + 人、物事』「～に対して」

Rini cemburu dengan pacarnya.
リニ　チュムブル　ドゥンガン　パチャルニャ
（リニは彼氏に対してやきもちを妬いている）

● 『感情を表す言葉 + dengan』

Saya suka dengan kamu.（私は君が好きです）
サヤ　スカ　ドゥンガン　カム

● 『dengan + 食べ物』「～で食事を済ませる」

Saya biasanya sarapan dengan pisang dan yogurt saja.
サヤ　ビアサニャ　サラパン　ドゥンガン　ピサン　ダン　ヨグルト　サジャ
（私はたいていバナナとヨーグルトだけで朝食を済ませています）

● 『dengan + 形容詞』〔動作の様子を表す。少しフォーマルな表現〕

Rudi berbicara dengan perlahan supaya saya bisa mengerti.
ルディ　ブルビチャラ　ドゥンガン　プルらハン　スパヤ　サヤ　ビサ　ムングルティ
（ルディは、私が理解できるようにゆっくりと話してくれる）

ワンポイント 『masih』まだ～である／～している　『tinggal』住む、暮らす
『orang tua』両親『cemburu』やきもちを妬く
『pacarnya』（リニの）彼氏『suka』好きである、好む
『biasanya』たいてい、普段　『sarapan』朝食　『pisang』バナナ
『berbicara』話す　『perlahan』ゆっくり　『supaya』～するように
『bisa』～できる　『mengerti』理解する

55 ～だよね？

～ bukan?

Hari ini panas sekali, bukan?
ハリ　イニ　パナス　スカリ　ブカン
今日、すごく暑いよね？

こんなときに使おう！
相手に同意を求めるときに…

『～ bukan?』は、自分が感じていることや思っていることに対して、「～ですよね？」「～でしょう？」と相手に軽く問いかけたり、同意を求めたりする表現です。

例文の『panas』は「暑い、熱い」、『sekali』は「とても、すごく」という意味です。

『～ bukan?』と言われて、「そうです、そうだよ」と言うときは『Ya.』などと答えます。否定する場合は、日本語と同様に事実と関係なく、相手の言ったことに対して『Ya.』または『Tidak.』などで答えます。

答え方の例もご紹介していきます。

●基本パターン●

肯定文 , bukan ?

基本パターンで言ってみよう!　track 55

● 主語 + 名詞 , bukan?

Anda wisatawan, bukan?
アンダ　ウィサタワン　ブカン

あなたは観光客ですよね？

答え方　Ya, saya wisatawan dari Jepang.
ヤ　サヤ　ウィサタワン　ダリ　ジュパン

はい、私は日本からの観光客です。

ワンポイント『wisatawan』観光客　『dari ～』～から

● 主語 + 形容詞 , bukan?

Anginnya keras, bukan?
アンギンニャ　クラス　ブカン

風が強いよね？

答え方　Ya, seperti angin tipon.
ヤ　スプルティ　アンギン　ティポン

そう、台風みたいです。

ワンポイント『angin』風　『angin keras』風が強く吹く様子
『seperti』～のような　『angin tipon』台風

● 主語 + 動詞句 , bukan?

Anda bisa bahasa Indonesia, bukan?
アンダ　ビサ　バハサ　インドネシア　ブカン

あなたはインドネシア語ができるんでしょう？

答え方　Ya, **bisa sedikit.**
ヤ　ビサ　スディキッ(ト)

はい、少しできます。

ワンポイント『bisa』～できる　『bahasa Indonesia』インドネシア語
『sedikit』少し

これも知っておこう! ①

否定文のとき、名詞の場合は『bukan』、形容詞・動詞句の場合は『tidak』をそれぞれ前に入れます。

● 主語 + bukan + 名詞 , bukan?

Itu bukan tikét Bapak, bukan?
イトゥ　ブカン　ティケッ(ト)バパッ(ク)　ブカン

（それはあなた〔男性〕のチケットではありませんね？）

答え方　Ya, bukan.　（はい、違います）
ヤ　ブカン

Bukan, itu tikét saya.（いいえ、それは私のチケットです）
ブカン　イトゥティケッ(ト)　サヤ

ワンポイント 『Bapak』あなた〔男性への敬称〕

● 主語 + tidak + 形容詞 , bukan?

Kamu tidak begitu sibuk hari ini, bukan?
カム　ティダッ(ク)ブギトゥウ　シブッ(ク)　ハリ　イニ　ブカン

（君は今日、そんなに忙しくないでしょう？）

答え方　Ya, tidak sibuk.
ヤ　ティダッ(ク)シブッ(ク)

（はい、忙しくないです）

Tidak, saya sibuk sekali dengan pekerjaan kantor.
ティダッ(ク)　サヤ　シブッ(ク)　スカリ　ドゥンガン　プクルジャアン　カントル

（いいえ、私は会社の仕事でとても忙しいのです）

ワンポイント 『tidak begitu』そんなに～でない

『sibuk dengan』～で忙しい『sekali』とても

『pekerjaan』仕事　『kantor』会社

● 主語 + tidak + 動詞句 , bukan?

Teman kamu tidak merokok, bukan?
トゥマン　カム　ティダッ(ク)　ムロコッ(ク)　ブカン

（君の友達はタバコを吸っていないでしょう？）

答え方　Ya, dia tidak merokok lagi.
ヤ　ディア ティダッ(ク)　ムロコッ(ク)　ラギ
（はい、彼はもうタバコを吸っていないよ）
Tidak, dia suka merokok.
ティダッ(ク) ディア　スカ　ムロコッ(ク)
（いいえ、彼はタバコを吸うのが好きです）

これも知っておこう！ ②

『bukan』の代わりに、省略形の『 'kan』もよく使われます。

Kemarin dingin, 'kan?
クマリン　ディンギン　カン
（昨日は寒かったよね？）

答え方　Tidak, bagi saya tidak begitu dingin.
ティダッ(ク)　バギ　サヤ　ティダッ(ク) ブギトゥウ　ディンギン
（いいえ、私にとってそれほど寒くなかったよ）

ワンポイント 『kemarin』昨日　『dingin』寒い　『bagi 〜』〜にとって
『tidak begitu』それほど〜でもない、そんなに〜でない

Dia putus dengan pacarnya, 'kan?
ディア　プトゥス　ドゥンガン　パチャルニャ　カン
（彼は彼女と別れたんだよね？）

答え方　Ya, saya kagét mendengarnya.
ヤ　サヤ　カゲッ(ト)　ムンドゥンガルニャ
（そうなの、私はそれを聞いてびっくりしたよ）

ワンポイント 『putus dengan 〜』〜と別れる、〜との関係が切れる
『kagét』びっくりする、驚く　『mendengar（語根：dengar）』聞く

～はどんな感じ?

Seperti apa ～ ?

基本 フレーズ

Seperti apa suami Anda?
スプルティ　アパ　スアミ　アンダ

あなたの旦那さんはどんな感じ？

こんなときに使おう！

友人の結婚相手のことを聞きたいときに…

『Seperti apa ～ ?』は、「～はどんな感じ？」「～はどうだった？」という表現です。人や物の外見、様子、出来事などを聞くときに使います。

例文の『suami』は「夫」という意味です。

基本パターン

Seperti apa ＋ 名詞 ?

基本パターンで言ってみよう! track 56

Seperti apa itu?
スプルティ　アパ　イトゥ

それはどんな感じ？

Seperti apa kakak laki-lakimu?
スプルティ　アパ　カカッ(ク)　らキ　らキ ム

君の兄さんはどんな感じ？

ワンポイント『kakak』兄、姉　『laki-laki』男性

Seperti apa atasan Anda?
スプルティ　アパ　アタサン　アンダ

あなたの上司はどんな感じ？

ワンポイント『atasan』上司

Seperti apa konsér tadi malam?
スプルティ　アパ　コンセル　タディ　マらム

昨夜のコンサートはどうだった？

ワンポイント『konsér』コンサート　『tadi malam』昨夜

Seperti apa tempat kerja Anda yang sekarang?
スプルティ　アパ　トゥムパッ(ト)　クルジャ　アンダ　ヤン　スカラン

あなたの今の職場はどんな感じ？

ワンポイント『tempat kerja』仕事場、職場　『sekarang』今

どんな～?

Apa jenis ～ ?

基本フレーズ

Apa jenis makanan ini?
アパ　ジュニス　マカナン　イニ

これはどんな食べ物ですか？

こんなときに使おう!

まだ食べたことのないものを見たときに…

『Apa jenis + 名詞 ～？』は、「どんな 名詞 ～？」とたずねる表現です。ジャンルや種類をたずねたりするときなどに使います。

例文の『jenis』は「種類」、『makanan』は「食べ物」という意味です。

●基本パターン●

Apa jenis ＋ 名詞 ～?

基本パターンで言ってみよう!　track 57

Apa jenis musik yang kamu suka?
アパ　ジュニス　ムシッ(ク)　ヤン　カム　スカ

君はどんな音楽が好き？

ワンポイント『musik』音楽　『suka』好む、好きである

Apa jenis film yang kamu mau tonton?
アパ　ジュニス　フィるム　ヤン　カム　マウ　トントン

君はどんな映画を観たい？

ワンポイント『mau』～したい　『tonton』観る、見る

Apa jenis saus selada yang ada?
アパ　ジュニス　サウス　スらダ　ヤン　アダ

どんなドレッシングがありますか？

ワンポイント『saus selada』サラダドレッシング　『ada』ある

これも知っておこう!

『Apakah jenis + 名詞 ～？』

Apakah jenis buku yang sedang Anda cari?
アパカー　ジュニス　ブク　ヤン　スダン　アンダ　チャリ

（あなたはどんな本を探しているの？）

ワンポイント『buku』本　『sedang』～しているところ　『cari』探す

Apakah jenis bisnis yang ingin kamu lakukan?
アパカー　ジュニス　ビスニス　ヤン　インギン　カム　らクカン

（君はどんなビジネスをやりたいの？）

ワンポイント『bisnis』ビジネス　『ingin』～したい　『lakukan』やる、する

58 〜から…まで

dari 〜 sampai ...

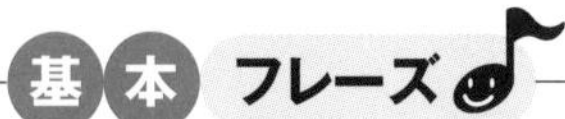

Apakah dari sini
アパカー　ダリ　シニ
sampai pantai jauh?
サムパイ　パンタイ　ジャウ
ここからビーチまで
遠いですか？

こんなときに使おう！

行きたい場所について聞くときに…

『dari 〜 sampai ...』は「〜から…まで」という表現です。

『dari 〜』「〜から」だけ、『sampai ...』「…まで」というパターンもありますので一緒に学習しておきましょう。

例文の『apakah』は「〜ですか？」、『sini』は「ここ」、『pantai』は「海岸」、『jauh』は「遠い」という意味です。

●基本パターン●

dari ＋ 名詞A ＋ sampai ＋ 名詞B

基本パターンで言ってみよう!　track 58

Dari rumah saya sampai kantor cukup jauh.
ダリ　ルマー　サヤ　サムパイ　カントル　チュクッ(プ)　ジャウ

私の家から会社まで、かなり遠いです。

ワンポイント『rumah』家　『kantor』会社　『cukup』かなり、非常に

Supermarket ini buka dari jam 8 pagi sampai jam 9 malam.
スペルマルケット　イニ　ブカ　ダリ　ジャム ドゥらパン パギ　サムパイ　ジャム スムビらン　マらム

このスーパーは午前8時から午後9時まで開いています。

ワンポイント『buka』（店が）営業している、開く　『jam ～』～時

Dari tanggal 8 sampai 16 Agustus saya akan ke Hokkaido.
ダリ　タンガる　ドゥらパン　サムパイ　ウナムブらス　アグストゥス　サヤ　アカン　ク　ホッカイド

8月8日から16日まで、私は北海道に行きます。

ワンポイント『tanggal』日付　『akan』～します、～するだろう〔助動詞〕

これも知っておこう!

『Sampai ～』でお別れの挨拶がいろいろあります。

また会いましょう。	Sampai ketemu lagi. サムパイ　クトゥム　らギ Sampai jumpa lagi. サムパイ　ジュンパ　らギ
また後で！	Sampai nanti! サムパイ　ナンティ
またね！	Sampai jumpa! サムパイ　ジュンパ
また明日。	Sampai bésok. サムパイ　ベソッ(ク)
また～曜日。	Sampai hari ～. サムパイ　ハリ
また来週。	Sampai minggu depan. サムパイ　ミング　ドゥパン
またお会いしましょう。	Sampai bertemu lagi.〔丁寧〕 サムパイ　ブルトゥム　らギ Sampai berjumpa lagi.〔丁寧〕 サムパイ　ブルジュンパ　らギ

 これも知っておこう！ ①「～から」＝『dari ～』

『dari ～』のパターンを使う、いくつかの表現をご紹介します。

●「場所から」＝『dari＋ 場所を表す語 』

Dia baru pulang dari sekolah.
ディア バル プラン ダリ スコらー

（彼女は学校から帰って来たばかりです）

ワンポイント 『pulang』帰る、帰宅する 『sekolah』学校

●「ある時から」＝『dari＋ 時を表す語 』

Saya terus menunggu télépon dia dari kemarin.
サヤ トゥルス ムヌング テレポン ディア ダリ クマリン

（私は昨日から彼女の電話をずっと待っている）

ワンポイント 『terus』続ける 『menunggu』待つ 『kemarin』昨日

●「状態から」＝『dari＋ 状態・状況を表す語 』

Akhirnya aku bisa bébas dari masalah ini.
アヒールニャ アク ビサ ベバス ダリ マサらー イニ

（ようやく僕はこの問題から解放されたよ）

ワンポイント 『bébas dari ～』～から自由になる・解放される『masalah』問題

●「人から」＝『dari＋ 人 』

Aksésori ini hadiah dari teman baik saya.
アクセソリ イニ ハディア ダリ トゥマン バイク サヤ

（このアクセサリーは親友からのプレゼントでした）

ワンポイント 『hadiah』プレゼント 『teman baik』親友

●「物質や材料から」＝『dari＋ 名詞（物、材料） 』

Keranjang ini terbuat dari rotan.
クランジャン イニトゥルブアッ（ト） ダリ ロタン

（このかごは籐から作られている）

ワンポイント 『keranjang』かご 『terbuat dari ～』～から作られている
『rotan』籐、ラッタン

●「いつから～？」〔疑問文〕＝『Dari kapan ～ ?』

Dari kapan putera Bapak belajar di Amerika?
ダリ　カパン　プトゥラ　ババッ(ク)　ブらジャル　ディ　アメリカ

（いつからあなたの息子さんはアメリカに留学していますか？）

ワンポイント 『putera』息子　『Bapak』男性の敬称　『belajar』学習する

これも知っておこう！ ②「～まで」＝『sampai ～』

「～目的地まで」「～時まで」「～状態まで」などの表現を紹介します。

●「場所まで」＝『sampai＋場所を表す語』

Saya selalu naik sepéda sampai ke stasiun.
サヤ　スらる　ナイク　スペダ　サムパイ　ク　スタシウン

（私はいつも駅まで自転車に乗って行きます）

ワンポイント 『naik』乗る　『sepéda』自転車　『stasiun』駅

●「ある時まで」＝『sampai＋時を表す語』

Kemarin saya bekerja lembur sampai jam 10 malam.
クマリン　サヤ　ブクルジャ　るムブル　サムパイ　ジャム スプる　マらム

（昨日、私は夜10時まで残業しました）

ワンポイント 『bekerja lembur』残業する　『malam』夜

●「状態まで」＝「sampai＋状態・状況を表す語』

Dia harus dirawat di Rumah Sakit sampai sembuh.
ディア　ハルス　ディラワッ(ト)　ディ　ルマー　サキッ(ト)　サムパイ　スムブ

（彼は回復するまで病院で治療を受けなければならない）

ワンポイント 『harus』～しなければならない　『dirawat（語根：rawat)』治療を受ける　『Rumah Sakit』病院　『sembuh』回復する

●「いつまで～？」〔疑問文〕＝『Sampai kapan ～ ?』

Sampai kapan kita harus menunggu?
サムパイ　カパン　キタ　ハルス　ムヌングー

（いつまで私たちは待っていないといけないの？）

59 ～頑張って!

Semangat dalam ～！

基本フレーズ

Semangat dalam belajar ya!
スマンガッ(ト)　ダラム　ブラジャル　ヤ
勉強、頑張ってね！

こんなときに使おう!

勉強している人を励ましたいときに…

日本語の「頑張って！」にあたるインドネシア語のひとこと表現はなく、「意欲的に！」「元気よく！」という意味の『Semangat!』や、英語の『Good luck!』(幸運を祈ります）という意味の『Semoga berhasil!』を、人を激励や応援するときなどに使います。

「～頑張って」は『Semangat dalam ～』または『Semoga berhasil dengan ～』と言います。

例文の『belajar』は「勉強する」、『ya』は「～ね」という意味です。

基本パターン

Semangat dalam ＋ 動詞 ！

Semoga berhasil dengan ＋ 名詞 ！

基本パターンで言ってみよう!

track 59

Semangat dalam bertanding ya!
スマンガッ(ト)　ダラム　ブルタンディン(グ)　ヤ

試合、頑張ってね！

ワンポイント『bertanding（語根：tanding)』試合をする

Semoga berhasil dengan ujianmu!
スモガ　ブルハシる　ドゥンガン　ウジアンム

試験、頑張って！

Semoga berhasil dengan wawancara Anda!
スモガ　ブルハシる　ドゥンガン　ワワンチャラ　アンダ

面接、頑張って！

Semoga berhasil dengan pekerjaan Anda yang baru!
スモガ　ブルハシる　ドゥンガン　プクルジャアン　アンダ　ヤン　バル

新しい仕事、頑張って！

ワンポイント『pekerjaan』仕事　『baru』新しい

これも知っておこう!

『～ semangat』という表現も使われます。

Tetap jaga semangat ya!
トゥタプ　ジャガ　スマンガッ(ト)　ヤ

（気を落とさずに頑張ってね！）

ワンポイント『tetap jaga』（やる気を）そのまま維持する

Jangan putus asa, semangat ya!
ジャンガン　プトゥス　アサ　スマンガッ(ト)　ヤ

（あきらめないで、頑張ってね！）

ワンポイント『Jangan ～』～しないで
『putus asa』あきらめる、絶望する

～のおかげで

Berkat ～

Berkat bantuan Anda,
ブルカッ(ト)　バントゥアン　アンダ
itu berhasil.
イトゥ　ブルハシる
あなたの助けのおかげで、
うまく行きました。

こんなときに使おう！

相手の協力に感謝するときに…

『Berkat ～』は「～のおかげで」という、良いことが原因であるときに使う、感謝の表現です。

例文の『bantuan』は「助け、手伝い」、『berhasil』は「成功する」という意味です。

●基本パターン●

Berkat ＋ 名詞〔人、行為、物〕，文

基本パターンで言ってみよう!　track 60

Berkat obat dari kamu, sakit perutku bisa cepat sembuh.
ブルカッ(ト) オバッ(ト) ダリ カム サキッ(ト) プルッ(ト)ク ビサ チュパッ(ト) スムブー

君がくれた薬のおかげで、僕の腹痛がすぐに治ったよ

ワンポイント 『obat』薬 『dari』～からの 『sakit perut』腹痛
『bisa』できる 『cepat』すぐに、早く
『sembuh』治る、回復する

Berkat dukungan suporter, kali ini kami bisa menang!
ブルカッ(ト) ドゥクンガン スポルトェル カり イニ カミ ビサ ムナン

サポーターの応援のおかげで、今回私たちは優勝できた！

ワンポイント 『dukungan』応援、支援 『kali ini』今回
『kami』私たち〔相手を含まない〕『menang』優勝する

Berkat bimbingan ibu guru, saya bisa lulus tés kemampuan bahasa Indonesia.
ブルカッ(ト) ビムビンガン イブ グル サヤ ビサ るるス テス クマムプアン バハサ インドネシア

先生のご指導のおかげで、私はインドネシア語能力試験に合格できた。

ワンポイント 『bimbingan』指導 『ibu guru』(女性の) 先生
『lulus』合格する 『tés kemampuan bahasa ～』～語能力試験

Berkat sumbangan masyarakat lokal, jembatan dapat dirénovasi.
ブルカッ(ト) スムバンガン マシャラカッ(ト) ろカる ジュムバタン ダパッ(ト) ディレノファシ

地元住民の寄付のおかげで、橋が改修できるようになった。

ワンポイント 『sumbangan』寄付 『masyarakat lokal』地元住民
『jembatan』橋 『dapat』できる〔bisaと同じ意味〕
『rénovasi』改修

61 〜のせいで

Gara-gara 〜

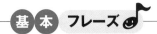

基本フレーズ

Gara-gara adik saya,
ガラ　ガラ　アディッ(ク)　サヤ

meréka bertengkar.
ムレカ　ブルトゥンカル

妹のせいで、彼らがケンカしたの。

こんなときに使おう!

ケンカの原因を聞かれて…

『Gara-gara 〜』は、「〜のせいで」という悪いことが原因であるときに使う表現です。

例文の『adik』は「妹、弟」、『meréka』は「彼ら」、『bertengkar』は「ケンカする」という意味です。

●基本パターン●

Gara-gara ＋ 名詞〔人、物、行為〕, 文

基本パターンで言ってみよう！ track 61

Gara-gara patah hati, dia murung terus.
ガラ　ガラ　パタッ(ハ)　ハティ　ディア　ムルン　トゥルス

失恋のせいで、彼はずっと落ち込んでいる。

ワンポイント『patah hati』失恋　『murung』落ち込む　『terus』続ける

Gara-gara kamu, aku dimarahi oléh atasanku.
ガラ　ガラ　カム　アク　ディマラヒ　オレ　アタサンク

君のせいで、僕は上司に怒られたよ。

ワンポイント『dimarahi（語根：marah）oléh』～によって怒られる
『atasanku』僕の上司

Gara-gara kehujanan, aku jadi masuk angin.
ガラ　ガラ　クフジャナン　アク　ジャディ　マスッ(ク)　アンギン

雨に濡れたせいで、僕は風邪を引いたよ。

ワンポイント『kehujanan』雨に降られる（濡れる）『jadi』～になる
『masuk angin』風邪を引く

Gara-gara uang, hubungan meréka menjadi rusak.
ガラ　ガラ　ウアン　フブンガン　ムレカ　ムンジャディ　ルサッ(ク)

お金のせいで、彼らの関係が壊れた。

ワンポイント『uang』お金　『hubungan』関係　『meréka』彼ら
『menjadi』～になる　『rusak』壊れる

Gara-gara hutang, bisnis meréka pailit.
ガラ　ガラ　フタン　ビスニス　ムレカ　パイリッ(ト)

借金のせいで、彼らの事業が倒産した。

ワンポイント『hutang』借金　『pailit』倒産する

62 ～おめでとう!

Selamat atas ～！

基本フレーズ

Selamat atas pernikahan Anda!
スラマッ(ト)　アタス　プルニカハン　アンダ

ご結婚おめでとう！

こんなときに使おう！

祝福の言葉を伝えたいときに…

『Selamat atas ～』は「～おめでとう！」という表現です。『～』には名詞がきます。『Selamat!（おめでとう！）』だけでも使えます。

例文の『pernikahan』は「結婚」という意味です。

英語の『Happy ～』のように、『Selamat ～』で季節の行事や誕生日などのお祝いの言葉で使います。

例

Selamat ulang tahun! スラマッ(ト)　ウラン　タウン	（お誕生日おめでとう！）
Selamat Tahun Baru! スラマッ(ト)　タウン　バル	（新年おめでとうございます！）
Selamat Hari Natal! スラマッ(ト)　ハリ　ナタる	（クリスマスおめでとう！）
Selamat Hari Raya Idul Fitri! スラマッ(ト)　ハリ　ラヤ　イドゥる　フィトリ	（イドゥル・フィトリおめでとう！）

基本パターン

Selamat atas ＋ 名詞 ！

基本パターンで言ってみよう! track 62

Selamat atas keberhasilan Anda!
スらマッ(ト) アタス クブルハシらン アンダ

ご成功おめでとう！

ワンポイント 『keberhasilan（語根：berhasil）』成功

Selamat atas kelulusan Anda!
スらマッ(ト) アタス クるるサン アンダ

ご卒業おめでとう！

Selamat atas kelahiran bayi Anda!
スらマッ(ト) アタス クらヒラン バイ アンダ

ご出産おめでとう！

ワンポイント 『kelahiran（語根：lahir）』誕生する、出生する

『bayi』赤ちゃん

Selamat atas pertunangan Anda berdua!
スらマッ(ト) アタス プルトゥナンガン アンダ ブルドゥア

お二人のご婚約おめでとう！

ワンポイント 『pertunangan（語根：tunang）』婚約 『berdua』2人の

Selamat atas kenaikan jabatan Anda!
スらマッ(ト) アタス クナイカン ジャバタン アンダ

昇進おめでとう！

ワンポイント 『kenaikan（語根：naik）』上がること、昇ること

『jabatan』職位

63 念のために

hanya untuk jaga-jaga

基本 フレーズ

Aku akan membawa payung,
アク　アカン　ムムバワ　パユン
hanya untuk jaga-jaga.
ハニャ　ウントゥッ(ク)ジャガ　ジャガ
念のために、僕は傘を持って行こう。

こんなときに使おう!

天気が気になるときに…

『hanya untuk jaga-jaga』は「念のために」という表現です。文頭または文末につけて使います。例文の『akan』は「～します、～でしょう」〔英語のwill〕、『membawa』は「持って行く」、『payung』は「傘」という意味です。

『hanya』を省略することもあります。

例　Saya akan beli obat sakit kepala, untuk jaga-jaga.
サヤ　アカン　ブリ　オバッ(ト) サキッ(ト)　クパら　ウントゥッ(ク)ジャガ ジャガ
(念のために、頭痛薬を買っておくわ)
※『beli』買う　『obat』薬　『sakit』痛い　『kepala』頭

『Hanya untuk jaga-jaga.』だけでも、あるいは『Untuk jaga-jaga』だけでも使えます。

●基本パターン●

主語 ＋ 動詞句 ＋ hanya untuk jaga-jaga

基本パターンで言ってみよう!　track 63

Saya kasih tahu nomor HP saya, hanya untuk jaga-jaga.
サヤ　カシー　タウ　ノモル　ハペ　サヤ　ハニャ　ウントゥッ(ク) ジャガ　ジャガ
念のために、私の携帯番号を教えておくね。
ワンポイント 『kasih tahu』知らせる

Mari kita cék sekali lagi barang-barang, hanya untuk jaga-jaga.
マリ　キタ　チェク　スカり　らギ　バラン　バラン　ハニャ　ウントゥッ(ク)ジャガ　ジャガ
念のために、みんな、荷物をもう一度確認しましょう。
ワンポイント 『mari』～しましょう　『kita』私たち〔相手を含む〕
『sekali lagi』もう一度、もう一回　『barang-barang』荷物

Hanya untuk jaga-jaga, lebih baik Anda membuat réservasi dulu.
ハニャ　ウントゥッ(ク) ジャガ　ジャガ　るビー　バイク　アンダ　ムムブアッ(ト)　レスルファシ　ドゥウる
念のために、あなたは予約を取っておいたほうがいいよ。
ワンポイント 『lebih baik』～のほうが良い　『dulu』事前に、前もって

これも知っておこう!

『untuk jaga-jaga』に『seandainya』を加えて、「もしも～したときのために」という意味になります。『seandainya』は「もしも～」という仮定を表します。

Saya selalu membawa power bank, untuk jaga-jaga seandainya baterai smartphone habis.
サヤ　スらる　ムムバワ　ポウェル　ベンク　ウントゥッ(ク)　ジャガ　ジャガ　スアンダイニャ
バテライ　スマルトフォン　ハビス
（私は、もしもスマホのバッテリーが切れたときのために、いつもパワーバンクを持ち歩いています）
ワンポイント 『membawa』持ち歩く、持って行く
『power bank』パワーバンク（モバイル充電器）
『baterai』バッテリー、電池　『habis』なくなる

Ⅱ 使える！ 頻出パターン51

64 何時に～?

Jam berapa ～ ?

基本フレーズ

Jam berapa bisa check-in?
ジャム　ブラパ　ビサ　チェク　イン
何時にチェックインできますか？

こんなときに使おう!

ホテルに問い合わせるときに…

『Jam berapa ～ ?』は「何時に～？」とたずねるときの表現です。

例文の『jam』は「時間、時計」、『berapa』は「いくつ、いくら」、『bisa』は「～できる」という意味です。

インドネシア語では、相手が数字で答えるときは、疑問文では『apa』（何）ではなく『berapa』（いくつ、いくら）という疑問詞を使います。

例　Sekarang jam berapa? − Jam sembilan.
スカラン　ジャム　ブラパ　　ジャム　スムビラン
（今、何時ですか？）　（9時です）

※『sekarang』今　『sembilan』9

●基本パターン●

Jam berapa ＋（ 主語 ）＋ 動詞句 ?

基本パターンで言ってみよう!　track 64

Jam berapa mall buka?
ジャム　ブラパ　モーる　ブカ

モールは何時に開くのですか？

ワンポイント『buka』（店が）営業している、開く

Jam berapa kita berangkat?
ジャム　ブラパ　キタ　ブランカッ(ト)

私たちは何時に出発しますか？

ワンポイント『kita』私たち〔相手を含む〕『berangkat』出発する

Jam berapa dia tiba di rumah?
ジャム　ブラパ　ディア　ティバ　ディ　ルマー

彼女は何時に家に着きますか？

ワンポイント『tiba』着く　『rumah』家

Jam berapa kamu akan pergi keluar?
ジャム　ブラパ　カム　アカン　プルギ　クるアル

君は何時に出かけるつもり？

ワンポイント『akan』～します〔英語のwill〕『pergi keluar』出かける

Jam berapa kami harus mengembalikan mobil?
ジャム　ブラパ　カミ　ハルス　ムングムバりカン　モビる

私たちは何時に車を返さないといけないですか？

ワンポイント『kami』私たち〔相手を含まない〕『harus』～しなければならない
『mengembalikan（語根：kembali）』返す、戻す　『mobil』車

Kemarin malam, jam berapa kamu kembali ke hotél?
クマリン　マらム　ジャム　ブラパ　カム　クムバり　ク　ホテる

昨夜、君は何時にホテルに戻ったの？

ワンポイント『kemarin malam』昨日の夜　『kembali』戻る、帰って来る

これも知っておこう!

【時刻の表し方】

「～時」：jam ～
「～分」：～ menit
「～秒」：～ detik

「ちょうど～」：tepat ～
「だいたい～」：kira-kira ～
「もうすぐ～」：sebentar lagi ～
「～前」　　：～ kurang
「～過ぎ」　：～ léwat

午前9時です。	Jam sembilan pagi. ジャム　スムビラン　パギ
午後3時です。	Jam tiga soré. ジャム　ティガ　ソレ
ちょうど9時です。	Tepat jam sembilan. トゥパッ(ト) ジャム　スムビラン
だいたい9時です。	Kira-kira jam sembilan. キラ　キラ　ジャム　スムビラン
もうすぐ9時です。	Sebentar lagi jam sembilan. スブンタル　ラギ　ジャム　スムビラン
9時ちょっと前です。	Jam sembilan kurang sedikit. ジャム　スムビラン　クラン　スディキッ(ト)
9時ちょっと過ぎです。	Jam sembilan léwat sedikit. ジャム　スムビラン　れワッ(ト)スディキッ(ト)

「～ pagi」：朝、午前4時～10時頃
「～ siang」：昼間、午前10時～午後3時頃
「～ soré」：夕方、午後3時～6時頃、日没まで
「～ malam」：夜、午後6時以降

「15分」：seperempat（4分の1）、lima belas menit
「30分」：setengah（2分の1、半分）、tiga puluh menit

正午です。	Jam dua belas siang. ジャム ドゥア ブラス シアン	〔昼12時〕
	Jam dua belas tengah hari. ジャム ドゥア ブラス トゥンガー ハリ	〔昼12時〕
0時です。	Jam dua belas malam. ジャム ドゥア ブラス マらム	〔夜12時〕
	Jam dua belas tengah malam. ジャム ドゥア ブラス トゥンガー マらム	〔夜12時〕
夜10時30分です。	Jam sepuluh tiga puluh malam. ジャム スプる ティガ プる マらム	
	Jam setengah sebelas malam. ジャム ストゥンガー スブらス マらム	〔夜11時30分前〕

9：00	jam sembilan ジャム スムビらン	〔9時〕
9：05	jam sembilan léwat lima (menit) ジャム スムビらン れワッ(ト) りマ ムニッ(ト)	〔9時5分過ぎ〕
9：15	jam sembilan léwat lima belas (menit) ジャム スムビらン れワッ(ト) りマ ブらス ムニッ(ト)	〔9時15分過ぎ〕
	jam sembilan léwat seperempat ジャム スムビらン れワッ(ト) スプル ウムパッ(ト)	〔9時15分過ぎ〕
	jam sembilan seperempat ジャム スムビらン スプル ウムパッ(ト)	〔9時15分〕
9：30	jam sembilan léwat tiga puluh (menit) ジャム スムビらン れワッ(ト) ティガ プる ムニッ(ト)	〔9時30分過ぎ〕
	jam sembilan tiga puluh ジャム スムビらン ティガ プる	〔9時30分〕
	jam setengah sepuluh ジャム ストゥンガー スプる	〔10時30分前〕
9：45	jam sembilan empat lima ジャム スムビらン ウムパッ(ト) りマ	〔9時45分〕
	jam sepuluh kurang seperempat ジャム スプる クラン スプル ウムパッ(ト)	〔10時15分前〕
9：50	jam sepuluh kurang sepuluh (menit) ジャム スプる クラン スプる ムニッ(ト)	〔10時10分前〕

※menitは省略可。

Ⅱ 使える！ 頻出パターン51

65 ～するようにしているよ

主語 ＋ mencoba untuk ～

基本フレーズ

Saya mencoba untuk bangun pagi.
サヤ　ムンチョバ　ウントゥッ(ク)　バングン　パギ

私は早起きするようにしています。

こんなときに使おう!

「何か心がけている？」と聞かれて…

『主語＋mencoba untuk＋動詞句』は、「主語は～するようにしているよ」「～しようとしている」という表現です。心がけていることなどを話すときに使います。

例文の『bangun』は「起きる」、『pagi』は「朝」という意味です。

日常会話では『untuk』を省略して『mencoba＋動詞句』も使えます。

例　Dia mencoba menghémat uang.
ディア　ムンチョバ　ムンヘマッ(ト)　ウアン
（彼はお金を節約するようにしています）
※『menghémat（語根：hémat）』節約する

Aku mencoba belajar bahasa Inggris setiap hari.
アク　ムンチョバ　ブラジャル　バハサ　イングリス　スティアプ　ハリ
（僕は毎日、英語を勉強するようにしています）

●基本パターン●

主語 ＋ mencoba（untuk）＋ 動詞句

基本パターンで言ってみよう! track 65

Saya mencoba untuk tidur lebih cepat.
サヤ ムンチョバ ウントゥッ(ク)ティドゥル るビー チュパッ(ト)

私はもっと早く眠るようにしています。

ワンポイント『tidur』寝る 『lebih』もっと、更に 『cepat』早く

Dia mencoba untuk banyak makan sayur.
ディア ムンチョバ ウントゥッ(ク)バニャッ(ク) マカン サユル

彼女は野菜をたくさん食べるようにしています。

ワンポイント『banyak』たくさん 『makan』食べる 『sayur』野菜

これも知っておこう!

● 「～しないようにしている」と言うときは『mencoba untuk tidak ～』を使います。

Saya mencoba untuk tidak makan terlalu banyak.
サヤ ムンチョバ ウントゥッ(ク) ティダッ(ク) マカン トゥルらる バニャッ(ク)

（私は食べすぎないようにしています）

ワンポイント『terlalu』非常に、極めて、～すぎる

● 「～するように努力する」と言うときは『berusaha（untuk）～』の表現になります。

Saya berusaha untuk beradaptasi dengan kehidupan di Indonesia.
サヤ ブルサハ ウントゥッ(ク) ブルアダプタシ ドゥンガン クヒドゥパン ディ インドネシア

（私はインドネシアでの生活に慣れるように努力しています）

ワンポイント『beradaptasi（語根：adaptasi）dengan』～に慣れる
〔英語のadaptationから〕
『kehidupan（語根：hidup）』生活、暮らし

66 〜するために

untuk 〜

基本フレーズ

Saya menabung untuk membeli
サヤ　ムナブン　ウントゥッ(ク)　ムムブり

komputer baru.
コンピュトゥル　バル

私は新しいパソコンを買うために貯金している。

こんなときに使おう!

貯金の目的を聞かれて…

『untuk＋ 動詞句 』は、「〜するために」という目的を表す表現です。

例文の『menabung』（語根：tabung）は「貯金する」、『membeli』は「買う」、『baru』は「新しい」という意味です。

●基本パターン●

主語 ＋ 動詞句 ＋ untuk ＋ 動詞句〔目的〕

基本パターンで言ってみよう! track 66

Saya pergi ke "Krisna" untuk membeli oléh-oléh khas Bali.
サヤ　プルギ　ク　クリシュナ　ウントゥッ(ク)　ムムブり　オれ　オれ　ハッ(ス)　バり

私はバリ島のお土産を買うためにクリシュナに行きます。

ワンポイント『pergi』行く　『Krisna』大きなお土産屋の名前
『khas Bali』バリ島の特産

Saya harus bekerja untuk kehidupan keluarga saya.
サヤ　ハルス　ブクルジャ　ウントゥッ(ク)　クヒドゥパン　クるアルガ　サヤ

私は家族の生活のために働かなければならない。

ワンポイント『harus』～しなければならない　『bekerja』働く
『kehidupan』生活　『keluarga』家族

Kakak pergi ke Bandung untuk mengunjungi kakék dan nenék.
カカッ(ク)　プルギ　ク　バンドン　ウントゥッ(ク)　ムングンジュンギ　カケッ(ク)　ダン　ネネッ(ク)

姉は祖父母を訪れるためにバンドンに行きました。

ワンポイント『kakak』姉、兄　『mengunjungi（語根：kunjung）』訪れる
『kakék dan nenék』祖父と祖母

これも知っておこう! ①

「誰のために～するのですか？」とたずねるときは『Untuk siapa ～?』、「何のために～するのですか？」とたずねるときは『Untuk apa ～?』を使います。

●「誰のために～するのですか？」『Untuk siapa ～ ?』

Kamu menulis imél untuk siapa?
カム　ムヌリス　イメるウントゥッ(ク)　シアパ
（君は誰にメールを書いているの？）

ワンポイント『menulis（語根：tulis)』書く

Untuk siapa kamu beli oléh-oléh sebanyak ini?
ウントゥッ(ク)　シアパ　カム　ブり　オれ　オれ　スバニャッ(ク)　イニ
（誰のために君はこんなにたくさんのお土産を買ったの？）

ワンポイント『beli』買う　『sebanyak ini』こんなにたくさん

●「何のために～するのですか？」『Untuk apa ～ ?』

Untuk apa kamu datang ke sini?
ウントゥッ(ク)　アパ　カム　ダタン　ク　シニ
（何のために君はここへ来たのですか？）

ワンポイント『datang』来る　『sini』ここ

Untuk apa Anda belajar bahasa Indonesia?
ウントゥッ(ク)　アパ　アンダ　ブらジャル　バハサ　インドネシア
（何のためにあなたはインドネシア語を勉強しているのですか？）

ワンポイント『belajar』勉強する

これも知っておこう！ ②

『untuk』の他に、「～するように」「～であるように」というニュアンスでは『agar』『supaya』が使われています。『agar』はよりフォーマルな言葉遣いです。また、「～しないように」「～ならないように」と言うときは『supaya tidak』『supaya jangan』を使います。

●「～するように、～であるように」『agar ～』『supaya ～』

Saya bekerja part-time agar bisa menabung.
サヤ　ブクルジャ　パート　タイム　アガル　ビサ　ムナブン

（貯金できるように、私はバイトしています）

ワンポイント『bekerja』働く　『bisa』～できる
『menabung』（語根：tabung）「貯金する」

Rini datang lebih awal supaya tidak perlu menunggu lama.
リニ　ダタン　るビー　アワる　スパヤ　ティダッ(ク)　プルる　ムヌング　らマ

（長い時間を待たずに済むように、リニはより早めに来た）

ワンポイント『datang』来る　『lebih awal』より早め、もっと早め
『tidak perlu』必要ない『menunggu』待つ『lama』長い時間

●「～しないように、～ならないように」
『supaya tidak ～』『supaya jangan ～』

Bawalah payung supaya jangan kehujanan!
バワらー　パユン　スパヤ　ジャンガン　クフジャナン

（雨に濡れないように、傘を持って行きなさい！）

ワンポイント『payung』傘　『kehujanan』雨に降られる

Mohon jangan berisik supaya tidak mengganggu orang di sekitar.
モホン　ジャンガン　ブリシッ(ク)　スパヤ　ティダッ(ク)　ムンガング　オラン　ディ　スキタル

（まわりの人に迷惑をかけないように、静かにしてください）

ワンポイント『mohon』願う　『jangan』～しないで　『berisik』うるさい
『mengganggu（語根：ganggu）』邪魔をする、迷惑をかける
『orang』人　『sekitar』周囲、まわり

67 ～を楽しみにしている

主語 + menantikan ～

基本フレーズ

Saya menantikan liburan
サヤ　ムナンティカン　りブラン

ke Kanada.
ク　カナダ

カナダへの旅行を楽しみにしている。

こんなときに使おう!

旅行の話をするときに…

『Saya menantikan ～』は「私は～を楽しみにしている」という表現です。『～』には、楽しみにしていることが物事のときには〈名詞〉、動作のときには〈動詞句〉がきます。

例文の『menantikan』は「待つ」、『liburan』は「旅行、休暇」という意味です。

●基本パターン●

主語 + menantikan + 名詞

主語 + menantikan + 動詞句

基本パターンで言ってみよう!　track 67

Saya menantikan jawaban Anda.
サヤ　ムナンティカン　ジャワバン　アンダ

あなたのお返事を楽しみにしています。

ワンポイント『jawaban』返事、答え

Saya menantikan hari Minggu.
サヤ　ムナンティカン　ハリ　ミング

日曜日を楽しみにしているよ。

ワンポイント『hari Minggu』日曜日

Saya menantikan acara kumpul bulan depan.
サヤ　ムナンティカン　アチャラ　クムプる　ブらン　ドゥパン

来月の集まりを楽しみにしているよ。

ワンポイント『acara kumpul』集会『bulan depan』来月

Saya sangat menantikan saat bertemu dengan isteri Bapak.
サヤ　サンガッ(ト)　ムナンティカン　サアッ(ト)　ブルトゥム　ドゥンガン　イストゥリ　バパッ(ク)

奥様に会う時をとても楽しみにしています。

ワンポイント『sangat』とても　『saat』時　『bertemu』会う
『isteri ～』～の奥さん、～の妻　『Bapak』あなた〔男性への敬称〕

これも知っておこう!

「主語は～を待ちきれない」という意味から、『主語 + tidak sabar ～』を使うこともあります。

Saya tidak sabar untuk melihat pertandingan sépak bola.
サヤ　ティダッ(ク)　サバル　ウントゥッ(ク)ムりハッ(ト)　プルタンディンガン　セパッ(ク)　ボら

（私はサッカーの試合を見るのが待ちきれない）

ワンポイント『melihat』見る、観る　『pertandingan（語根：tanding)』試合
『sépak bola』サッカー

～で困っているの

主語 ＋ ada masalah dengan ～

基本 フレーズ

Saya ada masalah dengan
サヤ アダ マサラー ドゥンガン
komputer saya.
コンピュトゥル サヤ
パソコンのことで困っているの。

こんなときに使おう！

パソコンの調子が悪いときに…

『Saya ada masalah dengan ～』は「私は～の問題で困っている」というときの表現です。『～』には名詞がきます。

例文の『ada』は「ある、持つ」、『masalah』は「問題」という意味です。

●基本パターン●

主語 ＋ ada masalah dengan ＋ 名詞

基本パターンで言ってみよう!　track 68

Dia ada masalah dengan pekerjaannya.
ディア　アダ　マサらー　ドゥンガン　プクルジャアンニャ

彼は仕事のことで困っている。

ワンポイント『pekerjaan＋nya』（彼の）仕事

Dia ada masalah dengan hutang.
ディア　アダ　マサらー　ドゥンガン　フタン

彼は借金で困っているよ。

Saya ada masalah dengan keluarga saya.
サヤ　アダ　マサらー　ドゥンガン　クるアルガ　サヤ

私は家族のことで困っているの。

ワンポイント『keluarga』家族

Saya ada masalah dengan pelajaran di sekolah.
サヤ　アダ　マサらー　ドゥンガン　プらジャラン　ディ　スコらー

私は学校の勉強のことで困っているの。

ワンポイント『pelajaran（語根：ajar）』学習、勉強　『sekolah』学校

これも知っておこう!

少しニュアンスが違いますが『kesulitan ～』で「ある状況や何かのせいで困っている」を表現することもあります。

Dia kesulitan uang.（彼はお金に困っているんだ）
ディア　クスリタン　ウアン

ワンポイント『uang』お金

Meréka kesulitan gara-gara jalan macét.
ムレカ　クスリタン　ガラ　ガラ　ジャらン　マチェッ(ト)

（彼らは道路の渋滞で困っている）

ワンポイント『meréka』彼ら『gara-gara』～のせいで『jalan』道路
『macét』渋滞

～だから、…

Karena ～, jadi ...

基本フレーズ

Karena capék, jadi aku mau
カルナ　チャペッ(ク)　ジャディ　アク　マウ
di rumah saja.
ディ　ルマー　サジャ
疲れたから、僕は家にいるよ。

こんなときに使おう！

「出かけないの？」と聞かれて…

『Karena＋A, jadi＋B』は「Aだから、Bです」という「原因・理由」と「結果」を述べる表現〔英語の『Because ～, then ～』〕です。『jadi』のかわりに『maka』を使うこともできます。例文の『capék』は「疲れる」、『rumah』は「家」、『saja』は「ただ～だけ」という意味です。

『jadi（またはmaka)』は、省略されることもあります。

例　Karena cuaca bagus, ayo kita pergi keluar.
カルナ　チュアチャ バグス　アヨ　キタ　プルギ　クるアル
（天気がいいから、出かけよう）

Karena sudah malam, saya permisi duluan.
カルナ　スダー　マらム　サヤ　プルミシ ドゥウるアン
（夜はもう遅いので、お先に失礼します）

基本パターン

Karena ＋ A（原因・理由）, jadi ＋ B（結果）

Karena ＋ A（原因・理由）, maka ＋ B（結果）

基本パターンで言ってみよう!　track 69

Karena tidak punya SIM, jadi aku tidak bisa menyetir mobil.
カルナ　ティダッ(ク)　プニャ　シム　ジャディ　アク　ティダッ(ク)　ビサ　ムニュティル　モビる

運転免許を持っていないから、僕は車を運転できないよ。

ワンポイント 『punya』持つ　『SIM』運転免許証（Surat Izin Mengemudiの略）
『menyetir（語根：setir）』運転する　『mobil』車

Karena kemarin kebanyakan minum bir, jadi hari ini sakit kepala.
カルナ　クマリン　クバニャカン　ミヌム　ビル　ジャディ　ハリ　イニ　サキッ(ト)　クパら

昨日ビールを飲みすぎたから、今日は頭が痛いです。

ワンポイント 『kebanyakan（語根：banyak）』多すぎ、～しすぎ
『minum』飲む　『sakit』痛い　『kepala』頭

Karena sekarang tidak ada waktu, maka nanti kita bicara.
カルナ　スカラン　ティダッ(ク)　アダ　ワクトゥ　マカ　ナンティ　キタ　ビチャラ

今は時間がないから、あとで話すよ。

ワンポイント 『waktu』時間　『kita』私たち〔相手を含む〕『bicara』話す

これも知っておこう!

● B(結果) ＋karena＋ A(原因・理由)

先に「結果」を述べて、後で「原因・理由」を言うこともできます。この場合、『jadi』は省略されます。

Saya belajar bahasa Indonesia karena dipindah tugaskan ke Indonesia.
サヤ　ブらジャル　バハサ　インドネシア　カルナ　ディピンダ(ハ)　トゥガスカン　ク　インドネシア

（私がインドネシア語を学ぶのは、インドネシアに赴任することになったから）

ワンポイント 『belajar』学習する、勉強する
『dipindah tugaskan（語根：pindah tugas）』赴任・転勤が決まった

70 ～のとき、

Waktu ～,

基本フレーズ

Waktu aku keluar rumah,
ワクトゥ　アク　クるアル　ルマー

belum turun hujan.
ブるム　トゥルン　フジャン

僕が家を出たときには、雨はまだ降っていなかったよ。

こんなときに使おう!

天気のことを話すときに…

『Waktu＋主語＋動詞句、…』は、「主語が～するとき、…」という表現です。『… waktu＋主語＋動詞句』の語順でもよいです。

『waktu』は「～のとき」「時間」、『keluar』は「出る、出かける」、『rumah』は「家」、『belum』は「まだ～ない」、『turun』は「降る」、『hujan』は「雨」という意味です。

●基本パターン●

Waktu ＋ 主語 ＋ 動詞句 , 文

文 ＋ waktu ＋ 主語 ＋ 動詞句

基本パターンで言ってみよう!　track 70

Waktu masih kecil, aku ingin menjadi penyanyi.
ワクトゥ　マシー　クチる　アク　インギン　ムンジャディ　プニャニィ

子供の頃、僕は歌手になりたかった。

ワンポイント 『masih』まだ～である　『kecil』小さい　『ingin』～したい
『menjadi』～になる　『penyanyi』歌手

Waktu mahasiswa, saya tinggal di Shinjuku.
ワクトゥ　マハシスワ　サヤ　ティンガる　ディ　シンジュク
大学生のとき、私は新宿に住んでいました。

ワンポイント『mahasiswa』大学生　『tinggal』住む

Tolong kasih tahu saya waktu Anda datang ke Jepang.
トろン　カシー　タウ　サヤ　ワクトゥ　アンダ　ダタン　ク　ジュパン
あなたが日本に来るときには、私に知らせてください。

ワンポイント『tolong』～してください　『kasih tahu』知らせる
『datang』来る

これも知っておこう!

『waktu』以外にも以下の表現を覚えておきましょう。

●『**sambil ～**』(～しながら)

Biasanya saya makan malam sambil nonton TV.
ビアサニャ　サヤ　マカン　マらム　サムビる　ノントン　ティフィ
（普段、私はテレビを観ながら夕飯を食べる）

●『**sementara ～**』(～する間、～一方)

Aku minum kopi sementara isteriku belanja.
アク　ミヌム　コピ　スムンタラ　イストゥリク　ブらンジャ
（妻が買い物をしている間、僕はコーヒーを飲んでいる）

●『**sebelum ～**』(～する前)

Sebelum pergi ke kantor, saya selalu membuat bekal.
スブるム　プルギ　ク　カントル　サヤ　スらる　ムムブアッ(ト)　ブカる
（会社へ行く前に、私はいつもお弁当を作っている）

●『**sesudah ～**』(～した後)

Sesudah selesai belanja, kami makan mie bakso.
ススダー　スるサイ　ブらンジャ　カミ　マカン　ミー　バッソ
（買い物が終わったら、私たちはミー・バッソを食べる）

ワンポイント『makan malam』夕飯　『nonton』観る　『belanja』買い物をする
『membuat』作る　『bekal』お弁当
『selesai ～』～し終わる　『mie bakso』肉団子入りのラーメン

Ⅱ 使える！ 頻出パターン51

71 もし〜だったら、…

Kalau 〜, ...

基本フレーズ

Kalau kamu ada waktu,
カラウ　カム　アダ　ワクトゥ

ayo kita makan siang!
アヨ　キタ　マカン　シアン

もし時間があったら、
お昼を食べよう！

こんなときに使おう！

相手をランチに誘いたいときに…

『Kalau 〜, ... 』は、「もし〜したら、…」「もし〜ならば、…」「もし〜だったら、…」（英語のIf 〜, ...）という、「仮定・条件」と「結果」を表す表現です。『…』には〈文〉がきます。

「もし 主語 が〜したら…」と言う場合には、『Kalau＋（ 主語 ）＋ 動詞句 、…』あるいは『… kalau＋（ 主語 ）＋ 動詞句 』のどちらでもよいです。

例文の『ada waktu』は「時間がある」、『ayo』は「〜しよう」、『kita』は「私たち〔相手を含む〕」、『makan』は「食べる」、『siang』は「昼」という意味です。

●基本パターン●

Kalau ＋（ 主語 ）＋ 動詞句 , 文

文 ＋ kalau ＋（ 主語 ）＋ 動詞句

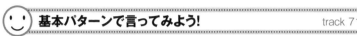

基本パターンで言ってみよう! track 71

Kalau ketemu dia, tolong sampaikan supaya menélépon saya.
カラウ クトゥム ディア トロン サムパイカン スパヤ ムヌれポン サヤ

もし彼女に会ったら、私に電話するように伝えてください。

ワンポイント 『ketemu』会う 『tolong』～してください
『sampaikan』伝える 『supaya』～するように

Kalau bésok hujan, kita batal pergi piknik.
カラウ ベソッ(ク) フジャン キタ バタる プルギ ピッ(ク)ニッ(ク)

明日もし雨が降ったら、ピクニックに行くのは中止だよ。

ワンポイント 『hujan』雨 『batal』中止

Kalau Saptu depan kamu bébas, kita ke salon rambut yuk?
カラウ サプトゥ ドゥパン カム ベバス キタ ク サろン ラムブッ(ト) ユック

来週の土曜日、もしあなたが暇だったら、美容室に一緒に行かない？

ワンポイント 『salon rambut』美容室、ヘアーサロン
『yuk』～しよう〔カジュアルな言い方。パターン27参照〕

Anda bisa mencobanya, kalau mau.
アンダ ビサ ムンチョバニャ カラウ マウ

よろしければ、（あなたは）試着できますよ。

ワンポイント 『bisa』～できる 『mau』～したい

Diaré Anda akan sembuh kalau minum obat ini.
ディアレ アンダ アカン スムブー カラウ ミヌム オバッ(ト) イニ

この薬を飲めば、あなたの下痢は治るよ。

ワンポイント 『diaré』下痢〔英語のdiarrheaから〕『sembuh』治る、回復する
『minum』飲む 『obat』薬

AはBよりも～だ

A lebih ～ daripada B

基本フレーズ

Ini lebih bagus daripada itu.
イニ　るビー　バグス　ダリパダ　イトゥ
これはあれよりもいいね。

こんなときに使おう！

「どちらがよいか」と聞かれて

『A＋lebih＋形容詞＋daripada＋B』は、2つのものを比べて、「AはBよりも～だ」という比較の表現です。例文の『ini』は「これ」、『bagus』は「良い」、『itu』は「あれ」という意味です。

『lebih』は「もっと、～より、～以上の」〔英語のmore〕という意味です。

例　Masalah ini lebih sulit.
マサらー　イニ　るビー　スリッ(ト)
（この問題はもっと難しいよ）

Bahasa Jepang Anda jadi lebih lancar.
バハサ　ジュパン　アンダ ジャディ るビー　らンチャル
（あなたの日本語は、より流暢になっていますよ）

※『lancar』（言葉が）流暢、（物事が）順調

●基本パターン●

A（名詞） ＋ lebih ＋ 形容詞 ＋ daripada B（名詞）

基本パターンで言ってみよう! track 72

Aku lebih tinggi daripada kamu.
アク るビー ティンギ ダリパダ カム

僕は君よりも背が高いよ。

ワンポイント『tinggi』背が高い

Dia lebih muda daripada kamu.
ディア るビー ムダ ダリパダ カム

彼女は君よりも若いよ。

ワンポイント『muda』若い

Tarif hotél ini lebih murah daripada hotél itu.
タリフ ホテる イニ るビー ムラー ダリパダ ホテる イトゥ

このホテルの料金は、あのホテルよりも安いよ。

ワンポイント『tarif』料金 『murah』安い

Rapat hari ini lebih lama daripada biasanya.
ラパッ(ト) ハリ イニ るビー らマ ダリパダ ビアサニャ

今日の会議はいつもより長かったね。

ワンポイント『rapat』会議 『lama』長い間
『biasanya』いつもの、普段

Penjualan tahun ini lebih baik daripada yang tahun lalu.
プンジュアらン タウン イニ るビー バイク ダリパダ ヤン タウン らる

今年の売上は去年よりもいいね。

ワンポイント『penjualan（語根：jual)』売上 『baik』良い、順調
『tahun lalu』去年

これも知っておこう! ①

『A + se形容詞 + B』または『A + sama + 形容詞-nya + dengan + B』で「AはBと同じくらい～だ」の表現になります。

このseはsamaと同じ意味を持っています。形容詞に-nyaをつけることで名詞化します。

Gaun ini semahal yang itu.
ガウン　イニ　スマハる　ヤン　イトゥ
（このドレスは、それのと同じくらい高いです）

Gaun ini sama mahalnya dengan yang itu.
ガウン　イニ　サマ　マハるニャ　ドゥンガン　ヤン　イトゥ
（このドレスの（値段の）高さは、それのと同じです）

ワンポイント 『gaun』ドレス、ワンピース　『mahal』値段が高い

これも知っておこう! ②

『A + paling + 形容詞』は「Aは一番～だ」「Aは最も～だ」という表現になります。

Gaun ini paling mahal dan bagus.
ガウン　イニ　パりン　マハる　ダン　バグス
（このドレスは、一番高くてすてきです）

ワンポイント 『dan』そして、～と　『bagus』すてきな、良い

これも知っておこう! ③

『A + kurang + 形容詞』は「Aはあまり～ではない」という表現です。

Nasi goréng ini kurang énak.
ナシ　ゴレン　イニ　クラン　エナッ(ク)
（このナシ・ゴレンはあまりおいしくない）
ワンポイント『énak』おいしい

Bagi orang Indonesia, masakan Jepang sepertinya kurang gurih.
バギ　オラン　インドネシア　マサカン　ジュパン　スプルティニャ　クラン　グリー
（インドネシア人にとって、日本料理はあまり風味深くないようです）
ワンポイント『bagi』〜にとって　『orang 〜』〜人　『masakan』料理
『sepertinya』〜のようである〔パターン51参照〕
『gurih』風味深い

これも知っておこう! ④

『A ＋kurang＋ 形容詞 ＋dibandingkan dengan＋ B』は「A は B と比べて劣っている」という表現になります。

『kurang』は（劣っている、足りない、〜以下）、『dibandingkan dengan 〜』（語根：banding）は「〜と比較される」という意味です。

Préstasi belajarku kurang bagus dibandingkan dengan dia.
プレスタシ　ブらジャルク　クラン　バグス　ディバンディンカン　ドゥンガン　ディア
（僕の勉強の成績は、彼のと比べて良くない）
ワンポイント『préstasi』成績、業績　『bagus』良い、すばらしい

Kalung ini kurang menarik dibandingkan dengan yang itu.
カるン　イニ　クラン　ムナリッ(ク)　ディバンディンカン　ドゥンガン　ヤン　イトゥ
（このネックレスは、そちらのよりも魅力的ではない）
ワンポイント『kalung』ネックレス　『menarik』魅力的、おもしろい

著者
欧米・アジア語学センター
1994年設立。40ヶ国語（200人）のネイティブ講師を擁し、語学教育を展開。独自のメソッドによる「使える外国語」の短期修得プログラムを提供している。その他に企業向け外国語講師派遣、通訳派遣、翻訳、留学相談、通信教育、オンラインレッスン。
https://www.fij.tokyo/
主な著書:『新版 CD BOOK はじめてのベトナム語』『CD BOOK はじめてのインドネシア語』『CD BOOK はじめてのフィリピン語』『CD BOOK はじめてのマレーシア語』『CD BOOK たったの72パターンでこんなに話せるベトナム語会話』『CD BOOK たったの72パターンでこんなに話せるタイ語会話』『CD BOOK ベトナム語会話フレーズブック』『CD BOOK ベトナム語が1週間でいとも簡単に話せるようになる本』（以上、明日香出版社）、『中国語会話すぐに使える短いフレーズ』（高橋書店）他

執筆
Maulani Tan（丹 マウラニ）
1962年、インドネシア生まれ。バンドン工科大学数学科卒業後、インドネシア国営飛行機製造会社勤務。早稲田大学理工学部機械工学科産業数学修士課程修了。1993年よりインドネシア語講師、通訳・翻訳者として活躍。

CD BOOK たったの72パターンでこんなに話せるインドネシア語会話

2020年10月31日 初版発行
2024年2月14日 第5刷発行

著者　欧米・アジア語学センター
発行者　石野栄一
発行　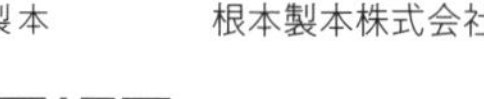
〒112-0005 東京都文京区水道 2-11-5
電話 03-5395-7650
https://www.asuka-g.co.jp
印刷　株式会社研文社
製本　根本製本株式会社

ISBN 978-4-7569-2113-0 C0087